富足，从心开始

[德] 吕迪格·达尔克（Ruediger Dahlke） 著
景丽屏 译

廣東省出版集團
广东人民出版社
·广州·

图书在版编目（CIP）数据

富足，从心开始 /（德）吕迪格·达尔克著；景丽屏译 .– 广州：广东人民出版社，2012.6
ISBN 978-7-218-07614-0

Ⅰ. ①富… Ⅱ. ①吕… ②景… Ⅲ. ①人生哲学–通俗读物 Ⅳ. ① B821-49

中国版本图书馆 CIP 数据核字 (2012) 第 059974 号

FUZU, CONG XIN KAISHI
富足，从心开始
[德] 吕迪格·达尔克 著　景丽萍 译

出 版 人：金炳亮

策　　划：中资海派
执行策划：黄　河　桂　林
责任编辑：肖风华　梁　茵
特约编辑：戴圆圆
版式设计：罗志宗
封面设计：刘潇然　谈志佳

出版发行：广东人民出版社
地　　址：广州市大沙头四马路 10 号（邮政编码：510102）
电　　话：(020) 83798714（总编室）
传　　真：(020) 83780199
网　　址：http：//www. gdpph. com
印　　刷：深圳市希望印务有限公司
书　　号：ISBN 978-7-218-07614-0
开　　本：787mm × 1092mm　1/16
印　　张：12
字　　数：145 千字
版　　次：2012 年 6 月第 1 版　　2012 年 6 月第 1 次印刷
定　　价：29.80 元

如发现印装质量问题，影响阅读，请与出版社（020-83795749）联系调换。
售书热线：(020) 83790604　83791487　**邮　购**：(020) 83781421

追随你的内心，财富便会翩然而至。

而真正的财富是，享受当下的每一天……

2018年.5月

推荐序

赖秋恺
台湾秘密部落酋长
张德芬《内在空间》“吸引力法则”专栏特约主持嘉宾
http://blog.sina.com.cn/chiukai

“吸引”专属于你的幸福财富人生

我要为正在翻阅《富足，从心开始》的你感到庆幸。

几年前，我在信息业担任客户服务部和技术支持部的主管兼讲师，后来，因为我创业失败，加上投资失利，终而导致信用破产，负债上百万。当时的我虽然非常认真和努力，但始终是用偏执的行为在追求金钱，用错误的眼光看待金钱。因为我没有搞懂金钱的游戏规则，不知道如何经营我和金钱的“关系”，所以我输得一塌糊涂。

可惜我不懂德文，假如我在创业前有幸拜读吕迪格·达尔克博士的《富足，从心开始》，相信肯定会有全然不同的结果。现在，你不必付出像我当年那样惨烈的代价，不必耗费数年时间，就可以吸引大量的金钱与幸福的人生，只要能好好研读此书并认真实践，所以恭喜你。

有些人会认为谈论金钱很俗气，但我想说，虽然钱不是万能的，没钱你却万万不能。无论如何，金钱早已成为现今地球上最普遍的交换工具之一，没人能够否定它的重要性。

《富足，从心开始》虽然是以“金钱”贯穿全书，但它绝不像当今市面上大多关于“金钱”的书。这本书最独特的地方在于，它是从灵性的角度去探讨金钱的精神内涵。

这也是我最欣赏的。告诉你一个事实：金钱远比我们所想象的要灵性得多。构成这个宇宙一切的本质就是能量，所以金钱也不例外。

> 你曾想过金钱的能量其实就是爱的能量吗？
>
> 这个世界没有意外，你口袋只有那些钱不是偶然，金钱世界也有吸引力法则，你掌握了吗？
>
> 能量的本质是流通的，若你能善用金钱让自己热爱生活、打造休闲时间，并为多余的钱找个好去处，而不是仅仅当个守财奴，你将会得到更多钱，你知道这个秘密吗？

如果你想探知金钱的秘密，过上多金又美好的生活，那么这本书的精华部分你不可不看，那就是金钱世界里的两大法则——“共振法则”和“对立法则”。两大法则都很有趣，读起来特别有感觉，很多经典语录都能深深地打动我。

现在，我诚挚地邀请各位静下心来，试着问一下自己：

> 我的梦想是什么？
>
> 它还在吗？
>
> 什么原因它还没有实现？
>
> 我是不想要了，还是不敢要呢？
>
> 我真的相信宇宙，也相信自己一定会成功吗？

相信这会是很好的启发，但假如浮现出来的答案令你感到失望与无奈，没有关系，因为这本书现在会在你手里并不是巧合，而是长久以来你对幸福的渴望，宇宙给了当下最适合你的回应！透过书中的指导与练习，你可以运用灵修的方式快快乐乐地吸引金钱，实现物质和精神同时富有，这绝不是遥不可及的幻想！

吕迪格·达尔克博士是一系列身心灵书籍的畅销书作者，感恩他写了这么一部关于“金钱”的独到而深刻的作品。我很荣幸能够写这篇推荐序，因为我知道这本书可以让更多渴望成功富足与寻找自我的人受益匪浅。

最后，我想以书中的一句精彩语言和大家共勉——

> 成功者都是些热烈响应内心呼唤，大胆跟随心底梦想的人，他们有坚定的信念，也充分相信自己。

预祝各位朋友都能“吸引”到专属于你的幸福人生！

目 录

Inhalt

US1,000,000,000US1,000,000,000

趣味金钱测试 1

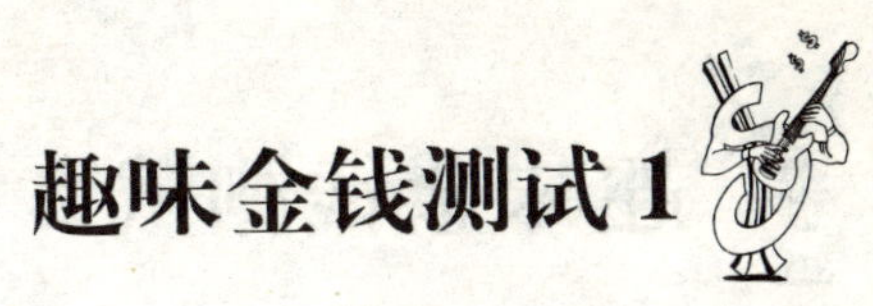

从刷牙看你的金钱观

你是如何刷牙的？

A. 慢慢仔细地刷。

B. 疾速刷两三下完毕。

C. 一边开着水龙头冲水一边刷牙。

D. 只漱漱口就完毕。

结果分析：

A. 欧也妮葛朗台型：你对金钱略有神经质，分毫都不马虎。

B. 普通大众型：你不是挥霍无度，也不是一毛不拔。

C. 毫无概念型：你基本上没有钱的观念，有时大把挥霍，有时身上不留一文。

D. 奢侈浮华型：你好大喜功，手里有多少钱就用多少钱，还可能前债未清又借贷。

（来源于《心灵咖啡》，http://www.psycofe.com/test/testDetail.aspx?wenjuan_id=2247）

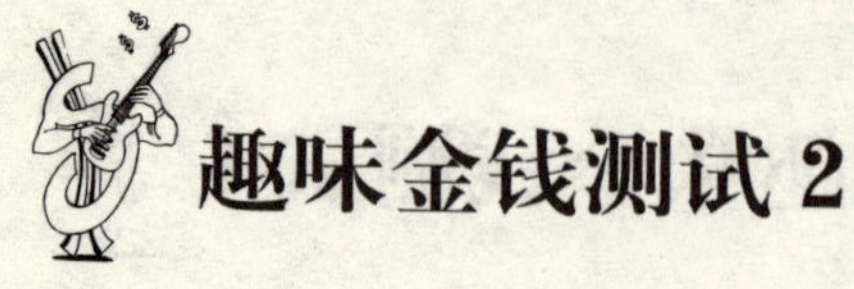

趣味金钱测试 2

窥探你的金钱心理

你怎样对待金钱？以下测试可看出你的处世方式及性格：

1. 如果你必须写封短信，而手边正好有张大纸，你会：

A. 将大纸撕成一半，用其中的一半开始写信。

B. 直接在大纸上写，用较大的间隔写信。

C. 没有既定的方式，只管信手写来，想怎么写就怎么写。

2. 不小心掉下几枚硬币，滚到不易取出的地方，你将：

A. 尽量把钱一一捡回，不怕费时费力。

B. 毫不在意，一走了之。

C. 深感惋惜，但由于不想费时，只去寻找那些好取的。

3. 同学请你吃饭，你通常的反应：

A. 按自己的口味猛点，不管能不能吃完。

B. 能吃就吃，吃不了也不勉强。

C. 尽量多吃，不怕撑着，以免浪费。

计分方法：

第1题：A得2分，B得1分，C得0分。

第2题：A得2分，B得0分，C得1分。

第3题：A得0分，B得1分，C得2分。

结果分析：

0～1分，看来你有浪费的倾向，在花钱上表现轻率，今后应该懂得学会珍惜。

2～4分，祝贺你，你对待金钱非常理智，会用钱又不被金钱所累。

5～6分，你对钱有点“贪”，你应搞清楚：钱是干什么用的？

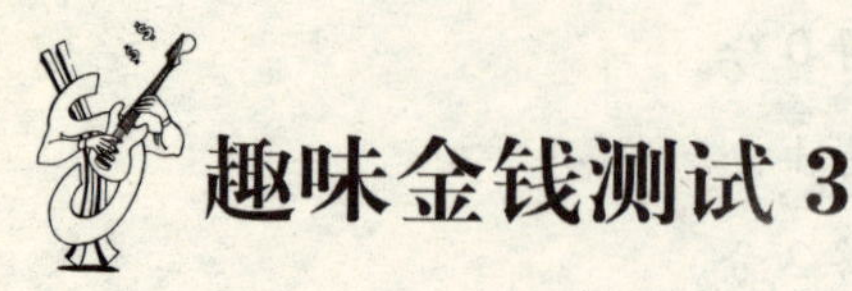

趣味金钱测试 3

测测你的财商

你知道智商、情商，但你听说过财商吗？现在就来测测，看你能否驾驭金钱与财富。

1．你喜欢刺激的休闲活动，例如蹦极、激流泛舟等。

A. 是　　B. 有时　　C. 不会

2．朋友向你借钱，基于交情，你一定会设法帮助他。

A. 是　　B. 有可能　　C. 不会

3．虽然你对股市不是很熟悉，但若有可靠消息透露某只股票将有主力介入炒作，你会考虑投入全部存款购买。

A. 是　　B. 有可能　　C. 不会

4．你喜欢运用不同的理财工具，例如股票、基金或期货投资。当行情看涨时，你会利用借款扩张你的额度。

A. 是　　B. 有可能　　C. 不会

5. 拥有手机、手提电脑、Ipad、空气清新机、健康俱乐部会员中的任何两项。

A. 是　　B. 有可能　　C. 不会

6. 你对参加投资说明会的意愿颇高。

A. 是　　B. 有可能　　C. 不会

7. 某天在公共电话亭打电话，赫然发现地上一个信封袋，一打开，里面有 1 万元，你会马上装起来。

A. 是　　B. 有可能　　C. 不会

8. 百货公司周年庆正举办消费满 1 万元，可参加捷达汽车抽奖，你一定会想办法凑到 1 万元的收据参加抽奖。

A. 是　　B. 有可能　　C. 不会

9. 有关部门将要推行某项政策，与你自身利益相冲突，你一定会合法地表达你的不满。

A. 是　　B. 有可能　　C. 不会

10. 当了多年上班族，几位高中同学决定要自行创业，开发一项颇具潜力的产品，虽然要两年后才能看出成果，但你仍然看好他们，同时很愿意入股。

A. 是　　B. 有可能　　C. 不会

计分方法：

A 得 3 分，B 得 2 分，C 得 1 分。

结果分析：

25～30 分：你的财商相当高，对投资的资讯掌握度很高，而且不容易受市场左右。这样的人在市场反转向下的时候，往往能全身而退。唯一需要注意的是资金的调配，以分散风险，追求更高的获利增长。

16～24 分：你的财商中等。社会上大多数人都属于这种类型。平常非常了解理财投资的重要性，但对自己的判断力没有信心。有时运气好尝到甜头，但缺乏全盘性的规划，到头来恐怕也没赚到多少。建议最好做中长期投资，以避免情绪受到市场波动的影响，追高杀跌。

10～15 分：你的财商恐怕低于你的 IQ，非常极端。你可能是说得一口股票经、却不敢行动的保守投资人，或者你可能是在市场追高杀跌的大散户，投资时任何利空消息对你都会产生效果。建议这类投资人，将大部分资金交给专家管理，保留一小部分资金，享受追逐市场的操作乐趣。

卓别林的宣言

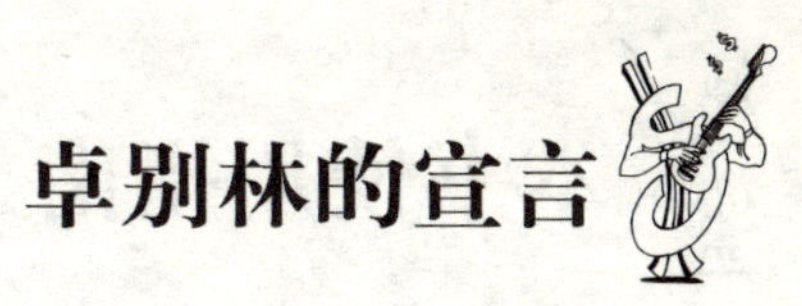

“大地是富饶的，足以让每一个人都丰衣足食！”

（摘自卓别林的电影《大独裁者》中的演讲词）

我们要把生活建立在别人的幸福上，而不是建立在别人的痛苦上。我们不要彼此仇恨，互相鄙视。这个世界上有足够的地方让所有的人生活。大地是富饶的，足以让每一个人都丰衣足食。生活的道路可以是自由美丽的，我们只需要学会该如何生活！

可惜的是，贪婪毒化了人的灵魂，在全世界筑起仇恨的壁垒，强迫我们踏着正步走向苦难，进行屠杀。我们发展了速度，却隔离了自己。机器应当是用来创造财富的，但它们反而给我们带来了穷困。我们有了知识，反而看破一切；我们学得聪明乖巧了，反而变得冷酷无情了。我们头脑用得太多，感情用得太少了。我们更需要的不是机器，而是人性。我们更需要的不是聪明乖巧，而是仁慈温情。缺少了这些东西，人生就会变得凶暴，一切也都完了。

飞机和无线电缩短了我们之间的距离。这些东西的性质，本身就是为了发挥人类的优良品质——要求全世界的人彼此友爱，要求我们互相团结。

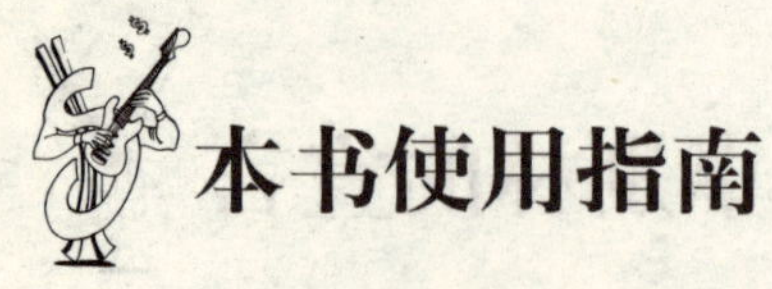

本书使用指南

请将本书作为探索你内心世界的旅程

本书不应该只是提供给你一份阅读的经历，而是应该成为你一段生命的旅程。为此，我在每章结尾都提出了一些帮助你进行冥想的问题。如果选择忽略这些问题，那么本书只能算作一本原理性的读物，而市面上比这本书更好更详细的同类读物多的是。但如果你愿意给自己一定的体验空间，尝试将书中的理论与自己的个人经验相结合，那么本书就有可能改变你的生活。

通过它，你或许就能抛掉旧有的信条，释放出被压抑的情绪，窥得生命的规律。它会带你来到微笑的世界，这里天地广阔。它会引导你认识生活的基本规则，通过这些规则，生活将变成为一场游戏，在有些时刻甚至还可能成为一场庆典。因此我建议你在进行这场探索之旅的时候，为自己营造一个安静而不受打扰的氛围，因为这段旅程是指向你内心世界的。

请在练习之前听一段帮助你放松的音乐，让你进入全身心放松的状态，这样你才能更好地思考相关问题。做练习时，投入的时间越多越好，当然即使只有几分钟也是可以的。

在进入放松状态之后，请一位你信任的人读出相关问题。

你也可以在放松之前先看一遍问题，然后在放松状态下自行回忆。

- 现在，请坐下或躺下，放松。闭上眼睛，有意识地深深呼出三口气，想象自己感受到的所有紧张感都随着呼出的废气排出了体外。
- 倾听或回想相关问题。
- 当你有了答案时，请注意第一个涌现出来的想法才是最重要的。记住这句话：开端中蕴含了一切。所以，请特别重视你的第一个想法。
- 你也可以直接采用一种更为理智的做法：为每个涉及多层面经验的问题给出一个答案，并将其记录在一张专门的白纸上。采用这种方式时也要注意，最值得记录的信息则是你看到问题后的第一反应。

如果你能遵循以上方式体验本书，而不仅仅只是将它通读一遍，那么它就一定会改变你对金钱的看法和态度，并进而改变你自己。前提是你必须真正将它看作为一个严肃的项目，同时认真地对待自己。相信这本书将会帮助你在寻找自我的道路上走得更远，同时也帮助你还原金钱的本来面目。

1

你善于处理同金钱的关系吗

树立正确的金钱态度

Geld oder Leben? Geld oder Leben? Geld oder Leben? Geld oder Leben? Geld oder Leb

海鸥飞来飞去啄食面包屑，你能想象一个著名的冰激凌品牌就这样诞生了吗？

为什么无论我们走到哪里，贫穷感都总是如影随形、紧追不舍？

穷修士和富朋友各自享受着富足而幸福的人生，金钱在其中又有何种作用呢？

1

本书的主旨是帮助每个人认清自己，了解该如何对待金钱，并且从短期和长期两个方面弄明白：怎样才能让自己过得更好。

人类并不擅长处理与金钱的关系。我的一个朋友曾经用一句很精辟的话来形容大多数人的所作所为：“我们爱用兜里没有的钱，买一些自己并不需要的东西，为的是在那些我们不喜欢的人面前炫耀。”

要想从上述的悲惨境况中脱身并不困难。我们只要稍作努力，就能大大改善当下的窘境。也许只要略微花点时间你就会发现，种种要求我们立足现实、负起责任的期望，已经让我们远远地偏离了自己最初的梦想。为何不能尝试下偶尔摆脱掉好公民的桎梏，稍稍任性一点，稍稍不负责任一点呢？

或者，也许我们根本不该如此在乎某事是否会带来利益，而是应该让我们的想象力自由飞翔。

我们应当敞开心扉，愉悦地接受新点子的造访；

我们应当让所见所闻、所思所想激发自己的灵感；

我们应当促使自己更深地潜入到蕴藏巨大潜力的灵魂深处，从中找到富有启迪意义的景象，并通过努力将其付诸现实，以达到现实世界的完满。

瑞士人尤利·普拉格注视着海鸥飞来飞去地啄食面包屑，忽然就有了新的想法。很难说那个关于小甜点的主意到底是来自于海鸥们的馈赠还是由于他自己足够机灵好学，总之，世界闻名的康采恩集团“莫凡彼”（瑞士著名的冰激凌品牌，其德语名称Mövenpick，意为“海鸥啄食”。——译者注）就在这一刻横空出世了。

在那些描述成功的故事里，常常可以看见坦率、勇敢、进取与想象力的影子。故事的主人公总是忠于自己的使命，恪守自己的职责，他们听从内心的声音，追随内心的愿望。他们具有非凡的勇气（也有人说那叫做“天真”），坚定地面对一切艰难险阻，他们置那些畏首畏尾者的过度忧虑于不顾，力排众议地坚持自己的道路，并无一例外地收获了充实的生命和富足的生活。成功者都是些热烈响应内心呼唤，大胆跟随心底梦想的人，他们有坚定的信念，也充分相信自己。于是，成功翩然而至，财富也随之而来。请注意我的用词，财富是跟随着成功而来的。

事实上，成功人士与常人的区别“仅仅”体现在某些微不足道的精神层面上。一旦有了真正的好主意，要想实现它简直可以说是不费吹灰之力。我们没必要通过不断鞭打自己或是悬梁刺股的方式来取得成功，成功之路完全可以走得更轻松。**钱不一定要拼死拼活地去“挣”，你也可以开开心心地去“赢”得它**。如果你能弄明白，那些规则与限制通常不过是我们自己给自己套上的枷锁，就会发现，挣钱这件事可以很沉重，也可以很轻松。

钱算得上什么呢？所谓成功，是指一个人在起床后到上床前这段时间内，做的是自己喜欢的事。

（鲍勃·迪伦）

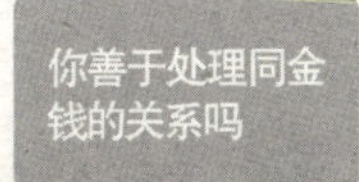

假设你突然有了50万欧元，你会做什么呢？银行家赫尔曼·约瑟夫·阿布斯也曾面对这个著名的问题。他不假思索地回答说："只有50万，那我可得好好节省着点儿了。"可见所有的事情都是相对的，金钱也不例外。**起决定作用的不是钱的绝对数量，而是每个人内心对待它的态度**。物欲强而进账少的人当然不快乐，相对地，物欲淡薄而收入高的人则较容易满足。虽然很可能前者挣的钱在数量上超过后者，但后者仍有可能感到满足得多。我们的满意度从很大程度上来说是由自己决定的，而且关键是看我们跟谁比较。

当我还是个孩子的时候，和姐姐一起从德国北方的大城市迁到了巴伐利亚的一个小村庄。对于村里农民的孩子们来说，我们俩拥有那么多零花钱，简直可以算得上是"富翁"。但我们不仅不为此而感到高兴，反而还非常生气，因为妈妈再婚生下的两个同母异父的孩子比我们两个大些的得到的更多。

如果同其他孩子相比，我们会很有优越感，感觉很不错。但我们偏偏不这样，我们偏偏要垂涎自己弟妹的所得，我们不自觉地选择了这种痛苦和妒忌的情绪，自艾自怜，感觉受到了歧视。

你千万不要以为这种事只是个案，或者只会发生在孩子的身上，事实上，这个世界的绝大多数人都是这么选择的。不过，这种悲观的情绪完全可以转变为乐观的情绪，这正是本书要探讨的问题之一。

在我们这个星球上，有数不清的城市和国家，而每个地方的人的收入又分为多种层次。在苏黎世过得捉襟见肘的，到了巴厘岛也许就是个富人。全部身家只有5 000欧元的，也可以在世界上的很多地方过神仙般的日子，只不过那里不是他的故乡。在这里只能称之为微薄的一份退休金，到了那里可能就显得数目可观了。

这个问题其实仅仅关系到两个方面：一是生活态度——我们究竟想要生活得多么富足，二是灵活性。所以，单从数学层面上来说，到另外一个地方去过更富裕的生活比大多数人想象的要简单得多。只不过我们也不该忘记，无论到了哪里，我们所有的问题，包括原有的贫穷感，都会如影随形地伴随着我们。内心的问题很少会通过地点的转换而得以解决，多数情况下仍然要依靠内心的转变和思维的更改才能彻底解决问题。

对于投资来讲也是一样。世上有数不清的投资项目和投资机会，它们会带来种种不同的生活感受。对于我们的灵魂来说，最好的投资显然是能够让人感到愉悦的那种。所以，为什么不能偶尔也投资到我们自己身上呢？你看，如果投资的目的是发展自己或是别人的灵魂，那么无论其形式如何，都肯定能够抵御风险，而且它积极的影响力甚至能够延续到我们百年之后。不妨给自己的心灵放个假，为它的发展进行投资，就像投资于家庭度假一样，这总是最理想的。而最好的养老计划毋庸置疑就是保证自己一直到老都能快乐幸福。这一点极其重要，因为你的精神状态决定了你将如何安排自己的退休生活。如果能够在墓碑上刻上“他一直活跃到生命的最后一秒”，我们的这一生就堪称完满了。当然，钱也必须够花，不过这并不意味着你必须是个有钱人。重要的是其他一些东西，比如说拥有一份自己喜爱的、让人感到充实的工作。做自己喜欢的工作更容易取得满意的报酬，并且更容易赢得成功。从事心爱职业的人不但不会觉得工作有多辛苦，而且还会收获更多欢乐。任何时刻我们都可能失去物质财产，但我们永远不会失去我们的精神财富，有了它，我们就能适应生活，并总能完成生活交给我们的各项重任。

工作的本身如果是对的，是对社会有益的，
金钱会自然地跟随而来。
（松下幸之助）

“穷”修士和“富”朋友的富足生活

一位我十分敬重的精神导师是某个天主教修会的修士，他名下毫无财产。也就是说，除了随身带的一些用来应付日常琐碎开支的零花钱，他一文不名。这位修士过着一种清修冥想的生活，而他在绝大多数时候都显得极其幸福。虽然他从不存钱，但与整天思虑工作、租房以及养老等种种问题的普通人相比，他的日子过得省心得多。当然，从另一方面来讲，或许正是因为他没存钱，所以才过得更为幸福。其实他挣得并不少，只是他把收入都捐了出去，因此他既不用交税，又不必担心税务部门的检查，当然更不必担惊受怕了。

在财务上他没有烦恼，因为他不必对税务部门说谎。同样地，外表问题也不会困扰他，他的世界与时尚圈相隔甚远，用来换洗的总是一色的僧衣，穿衣打扮对他而言从来都不是什么要务。至于发型就更没什么好烦恼的了，每个礼拜他都把整个脑袋剃一遍，从头顶直到下巴。几十年过去了，他从未改变自己的风格，各种流行总是从他身边轻轻掠过，不留一点痕迹。有意思的是，在刚过去的几年里，他的这身装束甚至时髦起来，简直让人惊呼他的远见，居然早早领先于时尚几十年。

无论从哪个方面来讲，这位修士都不是个痴迷于钱的人。短期内他会拥有一些财产，但是很快地他就会把这些都转赠出去。在我看来，他生活得非常幸福。金钱完全不能损害到他，他既不想拥有它，也不需要它。但这并不意味着他拒绝金钱。实际情况是：他坦然地领取收入，然后再以一定的方式将其传递给那些更需要它的人，有时他也会将其奉献给他所信奉的教堂。教堂的钱箱总是随时欢迎各种捐款的，这是教堂自建立之初就具有的一个功能，也是为很多人所诟病的一个因素，但我的这位朋友显然不以为意。

我的另一个很要好的朋友则非常有钱，他的名下有许多不动产，而他自己则住在其中最漂亮的一栋房子里，但是这绝不意味着他是个财迷。他拥有金钱，却非常慷慨，常常捐赠巨款支持环境与艺术类项目，也常常投资于各种社会公益活动。在科研领域也能经常看到他的身影，为数不少的科研项目都是在他的资助下才得以运行，同时他也很清楚自己必须承担与之相伴的种种责任。这位朋友之所以如此精通金钱之道，是因为他早期白手起家开办建筑公司的经历教给了他许多。多年的实战经验不但帮助他找到了解决各类问题的通用规律，也让他学会了如何用这些规律解决有关钱的具体问题。与之相应，他的精神层次也上了一个台阶。

众所周知，要想随意玩转金钱游戏必须具备相应的“筹码”，我的这位朋友恰好拥有它。但尽管他已经可以任意支配金钱，却仍然深具责任感，举例来说，但凡他所资助的项目，都具有深刻的人文关怀精神。与此同时，我的这位朋友也属于少数按时纳税却不会发牢骚的人，他甚至连眼睫毛都不会眨一下。钱给了他对外界影响力说“不”的权力。比如说，在选择住所的时候，他就不会考虑当地税率这个因素。他看重的是自己与家人能否在此享受生活，而不是哪个地方收取的税费更低。

我相信他是幸福的，至少他不为金钱所奴役。他拥有足够的金钱，足够多到能够摆脱金钱的控制。

就像许多有钱人一样，他聚集起这么多的财富并非是靠整天想入非非，而是因为顺利实现了自己的梦想。他之所以成功主要有两个因素：一是他拥有丰富的想象力，并能顺从它的引导；二是他制定了切实详细的计划，并能脚踏实地工作。可见，他的成绩并非来自单纯对物质的追求，而是更多地来自积极进取的精神和个人的努力。在他迈

成为坟墓中最有钱的人，对我来说毫无意义。
晚上睡觉的时候能说，我们做了一件很棒的事情，
这对我来说才重要。（乔布斯）

向成功的道路上，健康的自信心一直支持着他，使他能够忽视所有可能出现的怀疑。正因为钱不是最重要的，所以成功更像是坚持不懈的努力所带来的副产品。

当然，在我看来，这位“富”朋友之所以能够成功，还有一点功不可没，那就是他对上帝的信仰。我的这个“富”朋友和前面所提到的“穷”修士在其他方面都像南北两极，但他们在信仰方面却有一个共性：他们对造物主都充满了感激。从这个角度来说，两个人其实都非常富有，对他们而言，钱在生活中只起着次要的作用，追寻精神上的协调统一才是第一位的。

入门导读

“不要让你们生命的花瓶完全为沙子所占据”

在下面这个实验中，作为实验者的老师并没有给出具体的实验条件，但正因为如此，学生们的想象力反而被束缚住了。

老师把一个大花瓶放在讲台上，他面对着学生，将一些乒乓球倒进去，直到花瓶里再也装不下一个球为止。他抬起头来，问学生：“花瓶装满了吗？”学生们不假思索地纷纷点头称“是”。然而老师却摇摇头，只见他又拿出了一堆玻璃弹珠倒了进去。乒乓球之间的空隙被填满了，花瓶里看起来再也装不下任何东西。老师又问：“现在花瓶装满了吗？”学生们变得谨慎起来，他们低声讨论了一阵，但最终仍然点头确认了老师的问题。

此时老师又拿来满满一桶沙子，小心地将它慢慢倒入花瓶之中。沙桶渐渐空了，而花瓶则满得不能再满了。“现在满了吧？”老师继续问。学生们有点不好意思起来，觉得自己的表现颇有偷懒的嫌疑，于是这次他们好好地考虑了一番，但最后仍然只能同意老师的结论。然而老师又从公文包里拿出了一瓶红酒和一个酒杯，并成功地将1/4升红酒倒进了花瓶中。

学生们目瞪口呆地看着老师，他们简直不敢相信自己的思维居然如此迟钝。这时老师解释说："乒乓球代表着人生中意义重大的主题，比如婚姻、孩子、家庭、职业、使命以及幸福。而弹珠则代表着生活中的小快乐和小幸福，包括兴趣爱好等。沙子是人们必须天天面对的各项责任与义务，代表着生活中的琐事，这些琐事就是生命转动装置中的沙子。大家要注意，不要让你们生命的花瓶完全为沙子所占据，你们要防止它们抢走原本属于乒乓球和弹珠的位置。另外要请大家注意的是，也不要过早地放入过多的弹珠。因为它们会夺走原本属于乒乓球的空间，那样你们就没有精力贡献给生命中最重要的事情了。"

"那红酒代表着什么呢？"有个学生追问道。

"这个嘛，这表示，你总是可以在生命中给1/4升红酒挤出点儿地方的。"

即使存款一分不剩了，
那也不过只是表面现象，
你其实并不是真的一无所有。

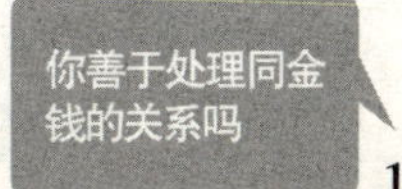

2

你对金钱的信仰正确吗

金钱不是一个坏东西

Die eigenen Glaubenssätze entlarven Die eigenen Glaubenssätze entlarven Die eigene

你是否觉得钱是肮脏的，谈论金钱是不是会让你觉得很掉价？

很多人接受教育就是为了赚钱，却没想到结果不仅不赚钱，还浪费了大把时间。

用黄金换来了一无所有，汉斯始终高高兴兴，这究竟是怎么回事？

现代社会的很多不幸都源自于我们对金钱规则的无知。有些人从没学习过它，另外一些人倒是知道这些规则的重要性，但也没能正确地掌握它。在这里我们并不能去怪谁，因为我们大多数人的父母都对此也一无所知。

我的原生家庭是个典型的中产阶级知识分子家庭，在我和其他三个兄弟姐妹还很小的时候，长辈就告诉我们，钱是肮脏的，尤其是硬币。“你们看，”他们总是说，“这些玩意儿看上去就是脏兮兮的。”可是对于当时还小的我们来说，硬币是唯一重要的钱。幸运的是，我们四个都迅速地明白了一件事：所有的一切都是围绕着这个“脏兮兮的”东西进行的。虽然每次摸过钱之后我们都会乖乖洗手，但我们仍然试图搜刮尽量多的钱币。我妹妹甚至早早地就尝试了一次儿童版“洗钱”——她用肥皂把硬币都处理了一遍。不过即使在那个年代，洗钱也是一件颇有争议的事情，况且这也不能真正解决问题。

后来我们又学到，兜里有钱的人不该张嘴闭嘴地谈论金钱。糟糕的是，作为孩子的我们恰好没有钱，正因为如此，我们才对钱有如此浓厚的兴趣。所谓“有钱人不该谈论金钱”，这显然是说：钱是次要的东西，对于我们这种上层人来说，谈论金钱根本就是浪费时间。可惜实践很快就证明，新时代里真正的“上层人”仍然需要拥有足够多的金钱，这样才能维持他们的社会地位。如果你没有某样东西，对它的需求又非常迫切，但你却不肯去谈论它，甚至连思考一下都不愿意，这种做法即使是在那个年代也是极其愚蠢的。

幸运的是，我们的父亲没有遵循这条路线，而是很快地让我们又有了足够多的钱。面对德国战后急需修复的状况，父亲凭借熟练的技艺，先是成为了一个成功的工程师，后来又晋升为厂长。父亲在后面这个位置上做得很好，取得了不小的成功，于是我们不久后就得以重返上层人的队伍，从此既不需要勒紧裤腰带存钱，也不需要谈论金钱，而是可以适度地花钱了。

而我们这些孩子，随着时间的流逝，对金钱的奥秘多多少少有了一些新的了解。比如说，我们这样的“上层人”之所以不必考虑钱的事情，是因为我们有更重要的人生使命去完成，我们应当追随更重要、更高远的理想。

我们这类人一般都会在大学里学习医学或者神学。我们绝对不会去主修音乐，倒是很愿意将其作为第二副修。

与之相反，如果有人像我的父亲一样，仅仅成为了某个康采恩集团里的部门经理，那么就算他能挣很多钱，也没什么了不起，因为在那个年代，钱并没有什么好名声。

再后来，我们又了解了更多关于金钱的秘密。比如说，像我们这样的正派人只要足够努力，为人正直，工作上要求上进，就能够拥有足够多的钱。通过这种方式，人们把那些经典的德国式美德逐一教给了我们：努力为善、有责任感、准时、值得信任、诚实正直、有上进心。

在经历了这样一系列的价值观洗礼之后，人们根本不必询问我们中学毕业后是否想上大学，他们只需问我们想选什么专业就可以了。事实证明这套策略是很有用的。以我为例，在一开始的稍作反抗之后，我选择主修医学，并辅修了心理学，后来又学了一点神学。

许多人就这样被塑造成了勤奋正直的人。但回到金钱的问题上，**假设你选择成为正直勤奋的人只是因为想要挣到很多钱，那么，你已经失去了非常多的时间**。因为需要经过很久你才会发现，诚实正直的品德也许曾经帮助人们致富，但它早已不再是通往金钱的捷径。相反，在当今这个涡轮一样快速旋转的后资本主义世界里，在关于金钱的战争中，值得信任、准时以及“劳动精神”几乎不可能再给你加分。那些从事高尚职业的人，例如护士或者小学教师，如今甚至都不一定能够在大城市里租得起一套好一点的公寓。在当下的金钱游戏中，通过热忱和努力工作为周围的人们谋取最大福利的行为已经不会再给你带来大红花了。尽管如此，你若是觉得自己的灵魂受到了上帝的呼唤，又或者你深具使命感，那么我建议你继续坚持下去，但要记住，热忱和正直不会帮你迅速挣得大量金钱，更不可能让你成为富翁。

当然了，正直和金钱本来就是两回事。正直这个形容词不过是清楚地表明了某人性格的一个方面。如果从长期的角度来看，诚实的人永远不会吃亏，这是由生活的规律决定的。但如果从短期来看，他们似乎都是些傻瓜。只有当我们把着眼点放在生命的幸福而不是金钱方面的成功时，诚实才依然是提供最长久保障的因素。

时间又过去了好多年，我早已按部就班地踏上了长辈规划好的轨道。这时候，我的父亲又透露说，要想挣钱，最好的办法是让别人为你工作。父亲告诉我这个秘密的时候，他已经是个领导着几千职员的高级主管，而对于自己总结出来的这条经验，他其实颇为唏嘘，在他看来，时代正在变得越来越不真诚。因此，当被询问是否愿意进入董事会工作时，虽然那是个升迁的好机会，但他却拒绝了。据他说，那是为了每天早晨能够继续面对镜中的自己。作为领导者队伍里的一员，我的父亲发现，在这个我们所有人都置身其中的游戏里，有钱人正变得越来越有钱，而穷人则越来越贫穷。他一边控诉着这种情况，一边将确保我们属于前者视为己任。同时，为了防止我们变得过于自负，他又坚持让我们继续与工人为伍，在行动中也表现得似乎我们更多的是属于后者。他带给自己和家人一定程度的富裕，同时却又阻止我们变得和富人一样。很显然，他担心那样会损害我们的性格，再说那也完全不符合他的价值观。

《幸福的汉斯》(选自《格林童话》,讲述了小伙子汉斯用金子换马，用马换牛，用牛换猪，用猪换鹅，最终一无所有却一直高高兴兴，认为自己很幸福的故事。——译者注）这样的童话清楚地告诉我们，内心财富的重要性远远胜过外界的财富。虽然汉斯因为轻信和单纯渐渐地失去了所有的物质财产，但他内心的财富却在逐渐地增加，就像是《圣经》里说到的那个“丢失的儿子”(出自《圣经》中的《路加福音》。讲述了一个浪子回头金不换的故事。丢失的儿子向父亲要到了自己应得的家业，跑去挥霍一空。在贫困交加之际醒悟过来，向父亲和天父忏悔，父亲不仅原谅了他，还非常高兴，宰牛杀羊款待他。——译者注)。他们两个都通过失去财产与金钱，实现了幸福的人生，并在心中找到了上帝的天国。汉斯和“丢失的儿子”重视的都不是扩充自己的财产，他们没有像大多数现代人一样，试图利用手中的钱财去变得更为有钱，相反地，他们通过消耗财富获得了特别的经验，给自己的灵魂以成长的空间，从而在心灵上达到了更高的境界。

幸福不在于拥有金钱，
而在于获得成就时的喜悦以及产生创造力的激情。
(罗斯福)

找出你秉持的信条

静心，放松，让自己进入一个宁静松弛的精神状态。现在请仔细回想，你秉持怎样的金钱信条？

在你的成长过程中，你学习了哪些公开或是隐秘的金钱规则？

哪些已经被你看破了，哪些还在继续指导你的行动？

你的父母和祖父母对待金钱是什么态度？

你从他们身上继承了哪些信条？

你已经准备好突破自己、学习新的规则了吗？

你愿意独自寻找真理吗？

开始一段想象之旅

彻底放松。给自己一个充分发挥想象力的机会，想象你将来会过上轻松富裕的物质生活。假设你的生活已经非常富足，所有的需求都得到了满足，付出和回报也达到了一个令人满意的平衡状态。现在，请尽情享受这种满足感并思考：在所有的经济问题都得到了圆满解决的情况下，对你来说，什么事情开始变得越来越重要，并转而成为你生活的重心？

3

金钱到底有什么力量

学习金钱游戏的法则

Die Macht des Geldes Die Macht des Geldes Die Macht des Geldes Die Macht des Gelde

曾被古人视作神圣上帝的黄金，怎么如今却演变成了追逐欲望的工具?

没学过开车怎么当交通部长，不懂得什么是“越位”怎能抱怨“裁判”的不公?

如果你现在还对金钱世界的规则一无所知，凭什么玩转金钱游戏?

3

现代社会里的一切都是围绕着金钱而进行的，然而我们对金钱却知之甚少，因此本书的主要任务就是致力于改变这种情况。事实上，现代社会的标志之一就是公民们对起决定作用的社会规则没有概念，也毫不理解——我指的绝不仅仅是金钱游戏中的规则。这种无知大大有利于清楚这些规则的少数派，通过这些规则，他们轻易就能安排社会的走向。这可不是危言耸听。

没有人会傻到相信金钱自身会有什么意愿或者目的。真正有意愿或目的的，是那些拥有金钱或者被金钱俘虏了的人。至于他们为什么要千方百计地隐瞒这些万能的规则，就好像它们是多么了不起的秘密，相信大家很容易就能理解。另一方面，所谓的“奥秘”并不深奥，事实上，我们完全可以把它们运用到生活的各个领域。在本书中，我仅选择金钱这个层面来详细解说这些规则。

在我看来，金钱之所以能拥有如此大的力量，是因为人类对金钱非常痴迷。自古以来，金钱就具有某种神秘的魅力，它让现代人忘记了所有关于它的古老奥秘。但它到底有何神秘之处？在当今社会，金钱不过是一些印有花纹的纸张，甚至不过是电脑屏幕上的一个数字。而古代的钱倒还体现了一定的价值，它们由金、银或者至少是铜铸成的。荷兰的古尔登（欧洲中世纪的一种货币，是德意志地区的货币之一。——译者注）多多少少泛着金光，而少数几个国家直到今天还崇尚金本位制，并拥有自己的金库。不过，今天绝大部分的国家都脱离了金本位，这些国家政客们的所作所为实在无法保证这样一个严肃制度的运行。

在古代，黄金被认为是最接近上帝的金属，它体现了人与上帝的和谐统一。直到今天，基督教信徒们还试图通过金制的圣体匣或晚餐杯来拉近与上帝或天堂的距离。

印加人眼中的黄金也是神的体现，这份笃信使得他们遭遇了亡国灭种的命运，因为在那些贪婪的西班牙征服者看来，黄金和钱币的价值更多是表现在世俗世界里。当今社会，黄金已为纸币所取代，几乎没有人还会想通过黄金来达到和谐统一的境界（当然，那些必须由黄金制成的婚戒仍然给我们提供了进行该类联想的机会），多数人只是想通过它满足自己的物质欲望。但即使你做着奢侈豪华的美梦，也不能完全摆脱上帝的影子，因为奢侈的原义为“光”，而光这个词最初的意思也是跟上帝有关的。

如今，大部分人心目中最重要的事早已不再是侍奉上帝，而是满足个人的欲望。因此，今天所有的一切都围绕着金钱而进行，金钱已经成为某种现代宗教的终极目标。人们需要金钱来满足各种愿望，提高生活水平，想要用金钱来购买幸福。较有追求的公民则想用金钱来提升生活质量，或用来购买时间，以便能腾出闲暇专注于自身的发展。

渐渐地，可以用来代替完全“向钱看”类型社会的其他社会形态几乎已经湮灭殆尽。在古巴，我认识一个妇科医生，他靠在街上吹萨克斯风维生。对此他简单解释说：做妇科医生和吹萨克斯风的收入差不多，都很低，但吹萨克斯让他更快乐。表面上看起来，金钱在古巴并不重要，在那里要想用适当的价格去购买一件自己想要的东西根本就是非法的。可是在私底下，所有的一切仍然是围绕着金钱而进行。不过，虽然人人都梦想得到它，却几乎无人拥有由大海另一边“穷凶极恶的阶级敌人”所印刷的钱币。

随着时间的流逝，原本信奉社会主义的以色列集体农场基布茨里也产生了越来越多的问题。不少农场都悄悄地改变了做法，现在它们更为强调按个人成就分配酬金，同时也更注重私人的经济利益。当基布茨创始人的理想主义慢慢消退时，成员们对生活水平的要求开始逐渐提高。个人的收入变得越来越重要，并最终成为决定性因素。

在北苏格兰的灵修中心芬德霍恩，信徒们在一种“心灵社会主义”的指导下生活了30多年。然而在中心创始人艾琳·凯迪和彼得·凯迪去世之后，这种方式就逐渐失去了魅力。接着，资本主义的生活方式入侵了芬德霍恩。对于资本主义本身来说，这不过是它赫赫战功中普通的一桩，但对于芬德霍恩来说，却委实有些情何以堪。

南印度的奥罗维尔持续得更久一些，这个由印度“圣哲”室利·阿罗频多的追随者建立起来的精神社区在2008年庆祝了它40岁的生日。这里的人们自发进行劳动，不计报酬，平日里只获得一些零花钱。在奥罗维尔的城市中心，圣母庙地带让人印象深刻，但在城市的边缘处你照样可以看到金钱对该社区的侵蚀。如果有谁来这里度假，那么只需要两周，就能在奥罗维尔的各个角落感受到金钱的力量，更准确地说，是感受到“缺钱”的力量。因为金钱的匮乏，团体当中悄悄地产生了新的权力结构，但这些权力结构仍然是围绕着金钱而组建的，并且也仍然遵循着旧有的价值观。

幸运的是，这并不会影响到每个个体，个人的生活依然可以不受制于金钱。事实上，在这世界上的任何地方，只要你有心，就可以摆脱金钱的控制，沿着精神导师的足迹寻求个人的解脱。

然而我们必须承认，金钱的影响力无处不在。即便是那些拥有众多信徒的世界性大宗教，如今也已经无法再提供一方净土。这些宗教创立之初并不是以金钱为基础或目的，但就我个人的经验而言，我曾在世界各地见到过如此多的教士、牧师、托钵僧、巫医、和尚以及族长，他们通通张着空空如也的双手，愿意为了金钱做许多事情，而这些事情与他们宗教创始人的初衷很可能风马牛不相及。

综上所述，在少数的一些地区或组织中，金钱虽然并不直接起作用，但它却通过影响人们的潜意识而在社会生活中牢牢占据着主导地位。在这些地方，金钱的影响力并不比其他地方更小。就像人很容易沦为“金钱”的奴隶一样，人也很容易变成“拮据”的奴隶。

盲目、潦倒、抱怨，只因为你不懂规则

对金钱的占有欲导致了一种进退两难的困境，这种困境深深植根于我们的社会并带来了深远的影响：虽然公民化的资本主义社会已经被证明是成功模式的一种，可也正是在这样的社会里，居然没有人提议要求民众了解那些最基本最重要的规则。即使是那些占据领导地位的人也缺乏对生命规则的认识，他们常常只是盲目地采取行动。

我们的交通部长基本上都会开车，可学经济出身的经济部长却屈指可数，而我们的卫生部长则没有一个在大学里学过医学。这种情况导致的后果是很严重的，不过我们大家对此想必都习以为常了。事实上，如果这些半路出家的部长们都干得不错的话，我们倒真要对大学

人生是海，金钱是船夫。
如无船夫，度世维艰。
（威克林）

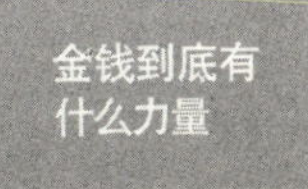

教育是否有效产生怀疑了。时不时地，也会有几个大胆的总理或是首相试着组织一个所谓的“专家型”多党联合政府。但在大多数情况下，这些联合政府的表现就像一些无法摆脱自己党派影响的群众演员一样，表演着令人难堪的政治闹剧。

小朋友们在下军棋或玩大富翁之前必须先了解游戏规则。而成年人即早已忘记了这个简单而行之有效的诀窍。在生命这场游戏中，他们通常不依规则，只是胡乱摸索着瞎玩一通，这样的人自然逃不过潦倒一生的结局。如果你对游戏规则及其作用一无所知，却试图玩转生命这个游戏，那么你显然不太可能如愿。不了解事物的对立和共振，不知道不同礼俗在不同领域分别起着怎样的作用，人们就无法理解这个世界，成功也会遥不可及。

明显的反例就是说足球运动员，他们在比赛之前就学会了踢足球的规则：他们知道中场休息之后双方要交换场地,也知道什么叫做“越位”。而在生命这场游戏里，却只有很少一些人明白，当我们的生命进行到一半的时候，当那个叫做“更年期”的阶段到来的时候，我们也必须跟着改变游戏的方向。虽然很多人都把“改变”挂在嘴边，但却依然只顾着朝原来的方向踢球，这样，在生命的后半部分，我们就把球踢进了自家大门。更多的人则总是处在“越位”的位置上，而自己对此却毫不知情。如果进球或者成绩得不到认可，他们的第一反应不是要去好好学习一下规则，而是开始疑神疑鬼，并转而大声咒骂裁判。在生活中，这个裁判可能是老板、政客、公司领导，也可能是医生、记者，甚至就是我们的生活伴侣。这种以咒骂或抱怨的形式表现出来的心理投射是一个标杆，它可以用来检测个人对生命中起主导作用的规则的了解程度。一个人抱怨得越多，就说明他对规则了解得越少。

更令人惊奇的是，即便是企业管理或银行系的研究生，也并不学习金钱游戏中关于对立与共振这方面的规则。这主要是因为，在当今社会中，那些有关世界真相的基本规则都不为人知，人们只能偶尔惊鸿一瞥似的窥见到这些规则的某些方面。这正是本书试图改变的现象，当然，我们研讨的焦点会集中在金钱这个层面。也许你觉得我的野心过大，但其实这个目标并不难实现，因为这些规则相对而言还是比较简单的。事实上，这些简单的规则至今仍不为人知这件事，才是我们这个世界的头等怪事。

财富的主人与奴隶

起源于古埃及的塔罗牌共有22张主牌（又名大阿卡那牌），它们反映了个人的内心成长之路。其中的第四张牌代表皇帝。塔罗虽有种种不同的绘画形式，但在大部分的画面中，皇帝都坐在一个象征着整个物质世界的四方体上。这表示皇帝已不再是财富的奴隶，而是它的主人。22张主牌代表了内心历程的22个阶段，居于第四位的皇帝显然还处于非常初级的阶段。这意味着，当我们尚未掌控物质世界，而是仍被物质所掌控时，我们的精神世界将不能继续发展。从这里我们可以总结出以下两点：一是我们应该成为自己身体的主人，也就是说我们应当把自己有形的躯体塑造成我们灵魂尽善尽美的庙宇；二是**我们要弄清楚“拥有财富”这个词的真正含义，要让物质为我们精神的发展服务，而不是让自己成为物质的奴隶**。现实世界和塔罗体系同时证明了一点：不懂得物质的基础含义，我们就不可能取得长足的进步。

脉轮理论（一种印度哲学，认为人体有七个能量中枢，是为“脉轮”。脉轮对我们的身体器官、精神及感情施加影响。——译者注）也同样

钱找人胜过人找钱，
要懂得钱为你工作，而不是你为钱工作。
（巴菲特）

证明了这一点。根轮（或曰纯真轮）与物质的距离是最近的，它在我们和大地之间建立起联系。根轮是我们灵魂发展之路的开端和出发点，如果在这个步骤上没有形成内外和谐，那就根本不必指望进一步的发展，按基督徒的说法，那就别想在天梯上继续向上攀登。东方的智者们还告诉我们，如果没有厘清根基的含义，或者在根基还不牢靠的情况下试图打开更高阶的脉轮，那是非常危险的。

而从星相学中黄道十二宫的发展轨迹来看，拥有物质财富也是基本阶段。十二宫中第二宫（对应的星座为金牛座）的关键词是：拥有及归并财富。据此我们可以清楚看出，在个人发展的道路上，财富是多么基础及早期的主题。第二宫和与它相距 180 度对向的第八宫（对应的星座为天蝎座）构成了“价值轴”，这条轴是物质层面通向精神层面的桥梁，其中第二宫主掌物质财富，而第八宫则主掌精神财富。尤其是当我们关注这两宫的阴暗面时（贪婪对应着第二宫，嫉妒对应着第八宫），这条价值轴在市民生活中的意义就显得分外突出。如果算上同样植根于第八宫的权势欲，我们会发现，第二宫对应第八宫的这组关系，包含了人类最根本的贪念和最本质的问题，正是因为这些贪念和问题，我们的生活幸福感才会大打折扣。

不论是对集体还是对个人来说，这句话都同样适用：对待任何事，我们都必须首先弄明白事情的基础是什么，才可能促使它平顺地发展。假设有这样一个人，他通过节食、哈他瑜伽或是其他方式将自己的肉体训练得无比听话，以至于老板一说“坐下”，他就能像狗一样迅速地坐下，那么在做冥想这种类型的练习时，他也一定会比别人上手快，更省力。我甚至敢说，在提升自己、发展心灵的这条道路上，他无论做什么，都会比别人轻松得多。事实上，心灵的发展提升之路真的就是从这样稀松平常的训练开始的。圣方济各（天主教方济会创始人。——译者注）

将人类的身体称为“毛驴兄弟”，并倡议大家像对待驯养的动物一样对待自己的身体。当然他的意思并不是要大家轻忽身体，事实上，圣方济各是非常喜爱毛驴和狗的。

同理，我们也可以用对待自己身体的态度来对待代表着物质世界的金钱。前提是，我们必须确保自己已经看穿金钱的本质，确信可以支配它而不是为它所支配。只要我们能做到这一点，那么在发展自我的路途上，金钱就将变得和身体一样有效。反之，如果金钱或身体主宰了我们的心灵，它们就会妨碍甚至阻止我们的发展。如果身体可以发号司令，那么情况就将变成是物质或金钱说了算，从而将导致我们意识文化的发展停滞不前。

我还要提醒大家的是，即使你已经到达了塔罗系统的第四阶段，离道路的终点也仍然很远。掌握了物质世界的规律，并不意味着就脱离了物质，我们仍然被身体所束缚。尽管如此，根据塔罗的说法，只有到达这一阶段，才可以向更高层次攀升。

我们不能说基督的爱无法战胜物质世界的诱惑，因为在接触到天国之爱以前，人们就已经为物质所俘虏了。从这个层面上说，各大宗教对自己教徒的物质基础显然关心得太少，它们是败给了自己那过分崇高的目标。信徒们连自己世俗生活中的基本需要都满足不了，又何谈什么灵魂的进步。根据塔罗的说法，满足这些需要是通向更高阶段的必要前提。

这和脉轮的说法是一致的。最底端的第一轮环是“根轮”，它代表着在物质世界里生存下来，接下来才是代表了性爱的第二轮环“腹轮”，腹轮掌管着两性之爱和物种的延续。心轮排在第四位，正好在中间的位置上。由此可以看出，脉轮学说也认为，发展的阶段是循序渐进的，任何一个步骤都不能省略。

那些被积分卡耍得团团转的人，
则完全谈不上什么赚钱的能力了，
他们无法掌握好金钱，反而被钱给掌握了。

知道了这些，我们该怎么做呢？如果将塔罗体系当成心灵发展路程的写照，那么出路是较为明显的。塔罗列出了在生活中起决定作用的基本规则，而这些规则恰好也适用于各项金钱游戏。只有掌握了这些规则，才能够顺应它发展自己，解救自己脱离物质的束缚。

你了解金钱游戏中的规则吗

对于生活领域中的各项规则，你觉得自己了解多少？

如果你不了解某个游戏规则，你会去玩这个游戏吗？如果会，那么你玩游戏时的感觉是怎样的？游戏的结果如何？

你会像遵守交通规则一样遵守你了解的所有规则吗？如果不，为什么？

你认识那个爱抱怨的自己吗？什么时候的你特别爱抱怨？

你有把责任推给别人的倾向吗？你会由于对生活规则缺乏认识而将自己的不幸投射到别人身上吗？对于你的现状，你认为政客、记者、你的老板、曾经的老师、医生及昔日的生活伴侣要负多大责任？

对你而言，黄金有何种意义？

让你的全身都溢满微笑

放下手边的事，选择一个安静的地点坐下或躺下。全身放松，深深呼出三口气。

我们手里的金钱是保持自由的一种工具，
我们所追求的金钱则是使自己当奴隶的一种工具。
（卢梭）

露出微笑的表情。最简单的方法是让笑意从眼窝深处浮现出来，这里是微笑的发源地。

让笑意从眼窝处溢至全脸，直到你从额头至嘴角（注意嘴角的弧度）都能感受到微笑的魔力，微笑能帮助你拓宽思维，促使你真诚面对自己。

现在，请想象微笑进入你的血液并深入到骨髓中。

保持脸上微笑的表情，扩大笑意，想象笑意来到了胸部中心，将意念集中在心和微笑上，你将立刻感觉到，原来心也会以自己独特的方式微笑。

现在，你应该可以感觉到微笑的心灵所拥有的力量了，你的胸腔里溢满了一种既舒畅又温暖的奇特感觉，请好好享受它。

维持这种状态，静静感受这种温暖、放松的心情。

保持脸部和心中的微笑，扩大笑意，并将它继续往下传送，送到腹部附近，使腹中也充满舒畅温暖的感觉。现在，你将感到腹部很充实，腹中暖暖的，里面满是沉甸甸的笑意。

再次扩大笑意，保证它充盈在你的肺腑之间，现在请自问：

我挣钱的动力是什么？

我应该，或者说必须挣多少钱？

我想如何使用这些钱？

它们将帮助我实现哪些梦想？在爱情和婚姻方面它们能起什么作用？我想凭借它们取得成功、权力、影响力和声望吗？我有哪些具体的目标？

我想将这些钱用在谁身上？或者，我想用它为自己做些什么？

你是金钱的主人，还是它的奴隶？

深呼吸，放松，向自己提出如下问题：

我是自己财产的主人吗，还是它的奴隶？

我是我拥有的钱的奴隶吗？或者我已经被那些还没挣到手的钱所奴役？

我的钱足够多吗？多到我敢花吗？

我是否因为比较拮据，所以总是想着把钱攥在手心，却忘了钱的主要功能是流通？

金钱并不像平常所说的那样，是一切邪恶的根源，唯有对金钱的贪欲，即对金钱过分的、自私的、贪婪的追求，才是一切邪恶的根源。（纳·霍桑）

4

是什么阻碍了你的钱途

金钱世界的共振法则

Das Resonanzgesetz Das Resonanzgesetz Das Resonanzgesetz Das Resonanzgesetz D

为什么那些不断变换工作或男女朋友的人总是“刚出虎穴，又入狼窝”？

你是否听过赚第一个100万很辛苦，而接下来的几个100万都得来全不费工夫？

为什么大城市长期失业者的周围都是其他失业者？如果想要更多的金钱，你需要多去高档酒店、豪华游轮或市郊别墅区……

在我们的大脑中，相当数量的一部分脑细胞是遵循着共振法则而工作的。其中一种被称为“镜像神经元”的细胞作用尤其重大，它的存在确保了只要具备产生共振的条件，共振就会发生。坐在我们身边的人刚开始打哈欠，我们也立刻开始哈欠连天；邻座的人跷起了二郎腿，我们马上也下意识地做出了同样的动作。小猴子很喜欢模仿自己的父母，小孩子也一样。我们总是吸引同一种类型的异性，他们往往性格雷同，有同样的问题和毛病。相似的人和物就是这样聚到了一起，他们互相影响，互相呼应。在有关钱的问题上我们也可以观察到同样的趋势：钱也是这样“寻觅”并“找寻”到其他的钱的。

成语或俗语中有不少说法，用来形容同样的事情接二连三地发生，比如“一而再，再而三”，“一波未平一波又起”，或是“刚出虎穴，又入狼窝”。在所有这些成语俗语以及谚语的背后，都能看到共振法则的影子。如果某人对某个公理或定律没有概念，那他就会有麻烦，比如，他可能会摔跤，并且会是不断地摔跤，直到他摔明白了为止。同时，因为一般人往往需要较长的时间才能领会这些规则，所以我们的语言中才有如此丰富多彩的表达，来形容这种“一而再，再而三”的状况。值得庆幸的是，一旦真正了解了相应的原理或规则，那么上例中的这个人就不会再继续摔跤了。

有“刚出虎穴，又入狼窝”经历的通常是那些长期对某个公理或是规则置之不理的人。只要这个人一天不改，上天或命运就会不断向他示威。那些不断换工作或男女朋友的人总是一次次地“刚出虎穴，又入狼窝”。事实上，只要他不从自身入手，不改变自己的行为模式，糟糕的情况就不会终止，这种状况将一直延续下去，直到他认识到自己应该对此负责，进而调整并改变为止。

但改变是困难的。天生对钱不够敏感的人即便碰上了“遍地是黄金”这样的好事，也不知道怎样才能把地上的黄金捡起来。要想改变旧有模式与做法是极其困难的。除了要一直保持头脑清醒、提高警觉性之外，最有效的办法就是不断拓宽眼界，学习新模式，并学会将其为我所用。

许多富裕的企业家都对共振法则大唱赞歌。他们会告诉你，挣第一个100万的时候他们吃了多少苦，挣第二个100万的时候就会容易很多，而接下来的那几个100万简直就是得来全不费工夫，似乎他们这边还在高尔夫球场上挥着杆，那边钱就自动进来了。**大资本家们的发迹史听起来似乎都是玄之又玄，其实奥秘就在这个“共振法则”上。**比如希尔顿先生，一开始他只不过是德克萨斯西斯科市一家名不见经传的小旅馆主人，但很快地他就建立起了一个酒店帝国。他的成功在很大程度上要归功于他掌握了这一秘密武器——共振法则。

大城市里的长期失业者周围都是些其他失业者，人人都觉得自己多余且无用，他们集体创造了一种让人沮丧的氛围，生活中的一切都显得极其沉重。这时候，如果有人能说服其中某个人换个环境，比如去往乡间，那么这名失业者将有机会进入一个工作机会多多的环境。在乡间，你总是可以找到各种各样的工作。每个人的花园里都有些活儿可干，比如修剪树枝。虽然工作者的酬劳不是按照工资协定表来发放，但他毕竟重新开始了工作。爱尔兰的科学家们进行过这样的实验，他们发现，这种环境很快地就会对失业者产生共振影响，不久以后，那些大城市的失业者们就通过这种非正式的方式重新融入工作进程。

在医院里也可以观察到同样的共振反应。医院会创造一种病兮兮的共振，因此，生了病最好还是去寻找一些健康而自然的共振环境，尽量让自己处于健康而自然的氛围当中，只有这样，才能借助有益的共振反应来加速恢复健康。实验证明，在康复治疗过程中，那些能够通过医院的窗户看到自然景色的病人，其复原速度会比那些不得不生活在纯人工环境下的病人要快得多。

发现自己生命中的共振关系

放松，让意识沉入内心深处最隐蔽处，对自己提出以下问题。请注意，一定要以看到问题后直觉的第一反应作为问题的答案。

从我开始与异性交往到现在，在两性关系中，我能总结出自己的哪些共同点？在哪些方面，我总是得到相同的经验？

共振关系在多大程度上影响到我的疾病史？在哪些地方我总是走上相同的岔道，做相同的错事，惹出相同的问题？

我是否有过“刚出虎穴，又入狼窝”的经历？哪一种共振关系导致了这种情况的产生？

我曾在哪些事情上遭受过接二连三的失败？这些失败是由哪种共振关系导致的？

我曾经尝过“祸不单行”的滋味吗？我在事件的背后看到了哪种共振关系的影响？

如果仔细观察现阶段我生活中的各种共振关系，它们会将我引向何方？

在金钱这个领域，我能观察到哪些引力或共振关系？我现在拥有哪些共振？我希望得到怎样的共振？要想达成目标，我必须做些什么？

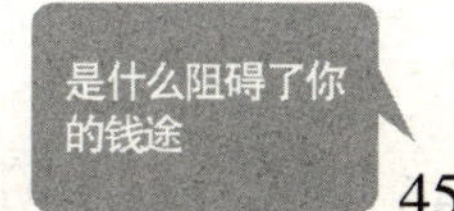

如何在现实生活中建立起你的共振?

如果你梦想得到更多的金钱，或想要增强自己与金钱之间的共振关系，我会建议你多去那些金钱扎堆的地方。想变得多金，就要寻找多金地带，并让当地的气场作用于自身。多金地带一般都是环境优雅、价格不菲的餐馆酒店，也可能是豪华游轮或是富人云集的市郊别墅区，不管是哪儿，你都必须融入这个氛围当中。

在通向富裕生活的路途中，最大的阻碍其实是我们自身的贫穷感。而在富人云集的地方，这种感觉反而更容易消散，因为我们在那里会自然地与富人产生共振。

但我要提醒你注意的是，我们想要建立的并非是一种因果关系，而是一种同步共振。换句话说，我绝不是建议你死皮赖脸地跟在有钱人的后面，一个劲儿地要求人家“行行好吧”，从而把别人搞得烦不胜烦。你要做的其实很简单——待在他们周围，让他们的磁场通过自然生成的共振反应作用于你的生活，这样就足够了。

如果你想要建立新的共振关系，就必须在自己的磁场与目标磁场之间建立联结。一开始你可以阅读一些相关书籍或观看一些适当的电影，接下来我会建议你和已经拥有该磁场的人接触，并与他们共度时光。如果能与这些人进行深层次的思想交流当然是很好的，但起决定作用的却是进入他们的磁场范围。作家和记者们遵循的正是这一规律。每当他们有了一个新的主题，想要搜集信息时，他们就会去寻找相应的专家，并对之进行采访。

而每当我有了一个新点子，想要出一本新书的时候，我也不会立刻动笔，而是会酝酿一段时间。在酝酿的这段时间里，那些宝贵的共振就自热而然地产生了。我根本无需寻找材料，材料就会自己上门。即使你真的打算自己去找材料，那么有目的地直奔主题也比漫无目的地寻觅要强。儿童文学大师雅诺什给了我们一个很好的例子，他笔下的小老虎从来不会去“寻觅”蘑菇，而总是去“找到”蘑菇。所以说，恰当的共振关系昭示了一半的成功。

“找到”你的共振

放松，让意识沉入内心深处最隐蔽处，对自己提出以下的问题。请注意，一定要以看到问题后直觉的第一反应作为问题的答案。

我的目标是什么？为了实现该目标，我需要哪些共振关系？

请让你的直觉发挥作用，你会惊讶于它的威力。通过它你一定能找到自己的目标。

静思冥想，然后静静等待，帮助你实现目标的必要共振关系就会慢慢浮现出来。

5

为什么结果总与初衷背道而驰

金钱世界的对立法则

Das Polaritätsgesetz Das Polaritätsgesetz Das Polaritätsgesetz Das Polaritätsgesetz Das Polaritä

为什么恋爱初期的甜蜜最后会演变成双方的互相憎恨?

你是否曾经雄心万丈,对未来充满希望,结果却在现实的世界中跌得很惨?

如果你天真地以为不用拿取别人的钱财就能赚钱,恐怕你只能受穷了。

有时候过于吝啬会让你与想要的东西失之交臂,不放长线怎能钓大鱼?

5

对立法则的作用在于：使得某件事情的发展与其开始时的趋势完全相反，比如说恋爱初期的甜蜜最后会演变成双方的互相憎恨。也许你已经发现几乎所有致力于和平的政治家最后都会成为暴力的牺牲品，这也是因为对立法则在起作用。有些人眼里只有“挣钱”这一个目标，也确实凭借熟练运用共振法则达到了目标，但同时他们会发现，由于轻忽了对立法则，自己在除财富以外的其他方面都非常贫穷。因此，我们一定要将对立法则时刻铭记心上，否则它将以令人非常不快的方式唤起我们的注意。比如，有些人根本没来得及做好理财的准备却一夜暴富，这种情况往往不会带来幸福，反而还有可能招致很大的损害，因为反面能量出击的速度同样迅疾，且同样出人意料。这也是乐透大奖主办方改变了奖金支付形式的原因，现在他们不再一次性付清所有奖金，而是按月给付小额款项给彩民。多项研究表明，如果不这样处理，那么很多大奖得主在若干年以后就会穷困潦倒，境况与之前相比毫无改善。

类似的例子在音乐界也常常见到。许多年轻人因为才华出众而一夜成名，且不久后就名利双收。如果心智的发展跟不上成名的速度，那么开头的幸运很快就会转变为结局的痛苦，更糟糕的是，幸运有多大，痛苦就有多深。为数不少的人已经亲身领教了对立法则的威力：他们在物质生活中取得了巨大的财富，却不得不承受与之相伴的精神上的不幸和痛苦，因为过于专注于物质，他们在精神层面上是贫乏的。

相对而言，对立法则的作用比共振法则强得多。现在你已经知道，要想为成功的人生打下良好的基础，我们首先要遵循基本的游戏规则，其次，我们还必须同时理解共振与对立这两项法则。这里我要强调一点的是，对立法则在这两者中占据着主导性的地位，它是我们这个充满对立的世界中最重要的法则。正是因为它，人类的祖先才从和谐的天堂跌落到了尘世，这就是有名的“堕落”，许多宗教都对之有所描述。在我们的这个世界上，所有的一切都是以对立矛盾的形式出现的。每个哮喘病人都知道，不呼气就不能吸气。说到交流电，大家都知道如果没有负极就没有所谓正极。这世上没有大，也就不可能有小，就好像没有恶，也就不存在善一样。同理，如果没有贫穷，也就不会有富裕。我们的世界充满了无数的矛盾对立和统一，谁要是不承认这一点，就一定会受到生活的教训。

因此，聪明的做法是承认这种对立统一的局面，并顺应它行事，在日常生活中避免与之发生抵触。

努力向着某一极靠近的人必须做好“另外一极也是注定要出现”的心理准备，被轻忽的那一极甚至可能会突然从黑暗中爆发出来。因此，光想着做一个好人是没有意义的，因为灵魂总有阴暗面，压抑只会使它隐身于黑暗中。我们不时会看到有关手持凶器、沿街滥杀无辜的狂乱肇事者的报道，这些人几乎都是些平庸不起眼、一点也不像是有暴力倾向的普通市民。他们长久压抑着心中的阴暗面，最后却被它

如果你把金钱当成上帝，
它便会像魔鬼一样折磨你。
（菲尔丁）

反噬，给自己和别人带来了极大的苦难。小说《化身博士》中的主人公杰克博士就是一个典型的例子（苏格兰作家史蒂文森的代表作，它描述了一个双重人格的故事：善良的杰克医生喝了一种药剂之后，会于夜晚化身为邪恶的海德先生四处作恶。博士整日徘徊于善恶之间，身心备受折磨。——译者注），这部小说因为成功刻画了人类的阴暗面而名垂青史。

综上所述，我们应当随时警惕自己灵魂的阴暗面。事实上，所有让我们恼火、失控的事都与之有关。这也是我们的敌人对我们而言如此重要的原因：他们的存在提醒我们身上还有许多需要完善的地方。同时，这也是基督教导我们要“爱你的敌人”的意义所在。

趣味游戏

对立—共振小游戏

使用下图中的面具可以简单直观地体验对立法则。请你另外准备一张较厚的白纸，或者也可以将多张纸层叠，重要的是保证自己不能透过纸张看到后面的东西。

寻找一个光线充足的地方，将本页中的面具举至眼前，白纸请拿在右手中。

紧盯着图中的黑色面具看30秒，尽量不要眨眼，也不要转移目光。也许你会因为眼睛疲劳而流泪，但是请忍耐一下，关键是一定要聚焦在图片上。

半分钟以后，将白纸盖在面具上方。现在你面对着的是空白的纸张，请继续注视你刚才注视的那个位置，并仔细体会，现在你看到了什么？

注意！在做完上述实验之前，请不要继续往下阅读，否则你不但将错过从实验中获得新知的机会，更将错过一个非常重要的体验——这是两个决定性体验中的一个，日后你一定会为此而后悔的！

如果当你读到这里的时候仍然尚未进行上述实验，那么日后可别再怪我没有提醒过你。只要你愿意自己承担后果，那么我也就不多啰唆了。只是，你将不得不继续坚持自己以前的想法，或者仍会处于不断的怀疑之中。因为你已经放弃了体验的机会，那么即使之后你再补做这个实验，也将于事无补，因为此时你已知晓答案，实验的结果将不再准确。也许你认为我是在危言耸听，但我敢保证你马上就会相信我所说的话。因此我建议你至少尝试这么一次，顺便体会一下，在你的生命中，不信任的态度已经破坏了多少东西。

好吧，言归正传，在这里，根据对立法则，之前看起来是一个可怕面具的地方，会因为另一极的作用，将表现为一个光影。而这个光影的内容是根据每个人不同的共振关系而变化的。在基督徒和欧美人眼中，这个光影一般表现为我们的救世主基督本人。在佛教徒看来，这就是个佛陀的影像。而一个六八运动的参与者，则会从中认出切·格瓦拉。正如我所说，每个人的共振不尽相同。

重要的是，你必须明白，在这个咋看起来有一个光影的地方，其实什么也不存在。那里除了白纸之外，什么也没有。作为魔鬼面具的反面形象而出现的光影只是我们的幻觉，它的产生是因为我们之前一直盯着那个可怕的面具。不幸的是，这一点反过来也是成立的。长期与光明、幸福和财富相伴的人，如果有一天忽然来到了完全的对立面，也不应觉得奇怪。这也是为什么牧师们的工作环境不但不明亮，反而更为接近昏暗，甚至算得上幽暗的原因。同样地，眼里只看到事物的积极面也是很危险的，就如同毫不吝惜地给予人赞扬和肯定一样，长此以往，这样做的人得到的往往是报复而不是报答。歌德早已认识到这一点，他借《浮士德》中魔鬼梅菲斯托的口说出："我是总想作恶，却总行了善的那种力量的一部分。"同理，对立法则在相反的情况下也起作用，这也解释了，为什么精神领域里的理想主义和美好愿望经常带来可怕的下场。

想改变世界，就必须首先改变自己

对立法则：请随时关注对立法则！这点在任何时候对任何人都适用。否则，即使初始意图再善良，也很容易导致坏的结局。我们可以参考布莱希特的话："好的反面不是坏，而是好心，因为好心常常办坏事。"当你和爱侣在牧师面前深情对望，发誓相爱一生的时候，请别忘了做好这样的心理准备：你们的婚姻可能会在冷战和仇恨中收场。也许有一天，你们会在法官的审判席前见面。即使你再爱你的伴侣，也必须了解，他（她）身上除了有让你爱慕的美好一面之外，还有阴暗的一面，当你们开始共同生活、共同面对柴米油盐的时候，这一面就会逐渐展现出来。

共振法则：如果你想通过改变外部环境来使自己变得更富足，不管这个富足指的是金钱方面还是其他领域，你都必须致力于改变自己现有的共振关系，比如，你可以去寻找一个新的环境，使自己进入一个新的氛围，结交一些新的朋友，了解他们的思想并顺便培养自己的新想法。

换句话说：每个人其实都生活在自己的世界里，要想改变自己的小世界就必须改变自己，也就是必须改变你原有的共振关系。在这里，内心的力量非常重要。正是在它的指导下，我们才能认清自己现有的共振关系，并根据个人在不同阶段的新追求重新设定有利的新共振。

通向富裕的唯一途径

在“金钱”这个领域中，一切都围绕着数字运行，然而出人意料的是，正是在这个领域里，居然还存在着如此多天真而不切实际的幻想。其中最普遍的一种想法就是：我们无需拿取别人的财物，就可以轻轻松松、清清白白地弄到钱。当然，我的意思并不是说，钱天生就是不清白的，钱是否清白，主要还得看人怎样获取它，以及拿到以后怎样花。我只想提醒大家，“拿取别人的钱财”本身并不是错事，更不是犯法的事。事实上，这是获得钱财的唯一途径。即使我们谈论的是一个“继承”的案例，继承人是一个新生儿，他也是通过“拿取”被继承人的财物而获益的。要衡量钱财是“取之有道”还是“不义之财”，关键要看当事人的目的和企图。世界上没有无主的钱财，这是一目了然的。任何地方都不可能堆着没人认领的钱财，只等着你下手，这种事情在这个地球上发生的几率为零。一旦你认清了这个事实，就不得不赞同我的观点：获取钱财的唯一途径，就是从别人那里拿取。当然，人们可以采用很崇高或至少是不那么卑鄙的手段来拿取，甚至还能想出办法，既保证自己挣到钱，又能同时帮到别人。

对于富人来说，
努力挣钱是根本没有必要的，
金钱似乎自动就会流进他们的口袋。

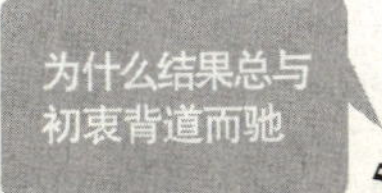

至于那些不愿动脑子挣钱的人，以及良心太好、不愿意将自己的钱财建立在他人损失之上的人，他们就只能一辈子受穷了。当然，只要他们不因为贫穷而怨天尤人，妒忌别人的所得，也没什么值得指摘的。

上面的这种人并不是最穷的人，最穷的人是不会为夺走他人赖以维生的钱财而感到内疚的，他们之所以贫困并非因为对金钱法则缺乏了解，事实上他们不仅了解这些法则，甚至对如何将其付诸实施也胸中有数，他们身上欠缺的是另外一些东西。如果有足够的篇幅，那么我们或许可以用羯磨理论（梵语音译，意为“作业”，即命运，因果报应的意思。——译者注）来谈谈这些人究竟应该怎样提升自己，但毕竟这不是本书所讨论的重点，因此就不在这里展开了。我只想再补充一句：对于生活得还算不错的人来说，能够对深陷极度困苦处境的人产生同情，并进而施以援手是件功德无量的事情，对自己人格的发展大有好处。要知道，给予总是比拿取更幸福，这也是每个给予的人都应该对拿取的人表示感谢的原因。

言归正传。挣钱这件事虽然绝对称不上是什么道德罪行，但倘若你天真地以为人们可以在不损害到他人利益的前提下就能挣到钱，那么我建议你趁早放弃这种幻想。任何人，只要他想挣钱，那么不管他愿不愿意都必须承认，他拿的是别人的钱。也许你会说：“我的情况不同，我只需要坐坐办公室而已！”可是相信我，当今社会有一半的人都是坐在办公室挣钱的，这些钱同样来自其他人的腰包。

有些人并不直接掏别人的腰包，而是会拐个弯，间接将别人的钱弄到自己手上。比如国家银行的行长们，或者是某些第三世界国家中掌握大权的独裁者。他们手握纸币发行权，轻而易举就能把国民的收入一网打尽，当然，独裁者行事一般会比行长们更不地道一些。而那些本身没有权限却不断以“反正纸张不值钱”为借口，要求发行新钞票并最终引起通货膨胀的政客们，他们的意图就更是“司马昭之心路人皆知”了，就像伪钞制造者一样，从原则上来说，他们都是通过增加流通中的货币量来使钱币贬值，从而达到将别人的钱占为己有的目的。就算你的钱是辛辛苦苦、正正当当挣来的，也逃不过被侵占的命运。当然，即使是运用正当手段、通过正当途径挣来的钱，也是从其他人的手里拿到的。

在这里我必须揭穿一个逻辑上的谎言。正是在这个谎言的引导下，人们把抢劫押钞车的英国强盗美化成了世界级的大英雄。这些强盗们利用一个极其巧妙的计划，在看起来没有损害到任何人利益的情况下，把自己变成百万富翁。确实，他们在抢劫押钞车时既没有让人受重伤，更没有害人丧命。更妙的是，他们抢劫的都是些又烂又旧的钞票，这些玩意儿本来就是要送去销毁的。“既然强盗们抢走的是些本来就要被销毁的钱，那么谁会因此而吃亏呢？”全世界那些对经济没有概念而又偷偷怀揣暴发户梦想的小市民们都会这么问。抢劫事件发生以后，他们自发选择了站在强盗们一边，直至今日，当年的那些土匪仍在民众中广泛享有“优雅老牌绅士”的美誉。抢劫序列号已经被取消的旧钱是个多么巧妙的主意啊！看上去所有的一切都在为这些“绅士强盗”辩护。

然而事实上，这些家伙的行径和大肆增发纸币的银行家或是专制统治下的政客们毫无二致。他们的钱财同样源自于别人的腰包，而他们的行为也危害了公众的利益。强盗们的得手使得好几百万的额外货币进入了金钱流通过程，而这导致了其他人手中的货币贬值。虽然在本例中，被夺取的钱财从数量上来说不值一提，而且即使真的数额巨大，英国央行也可以从流通货币中取走同等数量的钱币，来抵消前者的影响。但不可否认的是，强盗们的行为确实给他人带来了损害。

结论是一目了然的：**世界上没有无主的钱财，如果你想获得财富，**

钱不会擅自跑到谁的口袋里去。
在金钱的来来往往里肯定会有人参与其中，
因为钱是被人“搬来运去”的。

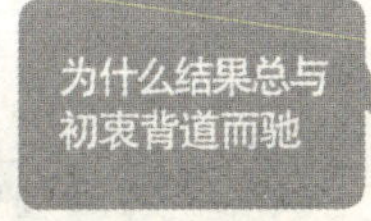

就必定要对别人的钱财下手。这个观点可能会让很多人心里不舒坦，但这是通向物质富裕的必经之路。

会说出“我的进账不够”这种话的人其实极其幼稚，钱从来不会自动地流进谁的口袋。要想获得金钱,就必须自己积极行动起来。同样，像是“我真的急需治疗，但这对我来说实在太贵了”这样的话也透露出说话人头脑简单。“贵”是一个相对的概念。在现今这个金钱当道的世界里，如果你有心要解决自己心灵或是身体上的问题，却又舍不得花钱，那么你只能继续和你的问题绑在一起了。不过别忘了，当你肩负沉重的包袱时,要想找到一条出路就更困难了。如果你过于信奉“小气才是王道”的信条，吝啬得不愿给自己机会去学习并看清事实，你就永远无法获知事情的全貌，甚至一步步错失更多机会，并最终与你想要的其他东西失之交臂。这种恶性循环机制其实很容易看透，大家都知道其后果不堪设想，唯一破解它的方法就是打破它的禁锢。“贵”“合算”“便宜”这些词都是相对的，事实上，某样东西到底是贵还是便宜总是由我们自己说了算。此外，“便宜”还是一个略带贬义的词，隐含着“不起眼”“劣质”的意思。

我有一个病人，他的故事可以用来说明上面这一点。

他是个非常成功的企业家，从事金融业。在物质方面，他衣食无虞，可他的健康状态就不怎么令人乐观了，当时他的身体已经给出了所有重大疾病的征兆，这些风险因子都在叫嚣着要缩短他的寿命。然而他依然抽不出时间来进行一次彻底的治疗，因为众所周知，“时间就是金钱”。他整日精神高度紧张，忙碌得仅能以快餐果腹，他无暇顾及日益增高的胆固醇指数，只顾着气喘吁吁地从一个成功奔向另一个成功。因为把时间都转化成了金钱，因此这位金融家越来越有钱，但同时他也越来越胖。看起来他似乎真的愿意为了金钱付出一切代价！

终于，他的心脏病再一次发作了，在经历了几欲置人死地的心绞痛之后，他终于痛下决心，来到我位于约翰尼斯基兴的疗养中心，报名参加了一个历时四星期的治疗课程，学习关于疾病方面的知识。第二个星期的时候，我问他感觉怎么样。他很肯定地告诉我说，他感觉很不错，而且觉得自己已经逐渐康复，但这一切对他来说实在太贵了一点。我看了一眼他的汽车，跟他说，一个愿意为一辆汽车花上10万欧元的人，居然抱怨说为自己的健康花上3 000欧元太贵了，你不觉得这很发人深省吗？毕竟归根结底，汽车不过是一个大一点儿的铁皮盒子而已。“哦，”他回答说，“这点疗养费不过是小数目，但由于这个月我没去公司，估计损失将会达到25万欧元。”

如果你也是这样计算金钱的，那么你就和他一样犯了一个很大的错误。这种计算方式的结果就是：即使你日进斗金，也无法享受生活。甚至你挣得越多，能享受到的反而越少。在四星期的心理课程结束之后，我的这位病人不仅丢掉了15公斤的体重，还丢掉了一大堆的心理与生理负担。他从对金钱的迷恋中解脱出来，认识到金钱也有阴暗面。

如今他学会了给生活留出空间，花时间在并不带来经济效益的事情上，比如冥想。回顾过往时，他感慨，任何事对他的改变都没有我的疗养课程来得大。虽然因为我，他少挣了不少钱，但同时他又变得如此富足。现在他终于可以好好享受生活了，他不会再整天想着股市、股票，又错过了什么大好机会这些杂事。他现在才明白，其实自己早就应该这样做了。甚至连他的前妻（同时也是他孩子的母亲）也不再

许多人自以为是在花钱买快乐，
其实却是出卖自己成为逸乐的奴隶。
（富兰克林）

拒绝和他交谈。这位金融家开始用金钱来购买时间，这些钱是他以前用时间换来的，现在他要用它们来换回自己投入的时间。

我举上面这个例子，并不是要求大家漠视金钱，其实金钱本身在这里并不重要，重要的是我们应当理解关于金钱和金钱运行的基本规律。事实上我的许多病人反而是在摆脱了对金钱疯狂占有的情绪之后，才获得了比以前更多的收入。

通过上面这个例子，再加上之前讨论过的共振法则，我们可以发现，对富人来说，努力挣钱是根本没有必要的，金钱似乎自动就会流进他们的口袋。为了挣钱而花心思动脑筋的主要是饥肠辘辘、赤手空拳的平民，他们首先要学的是了解金钱这个游戏。在“拿取别人的钱财”这一点上，富人们也较少思虑，因为他们的钱似乎都是“得来全不费工夫”。在这里，要克服“不好意思拿取别人财物”这个想法的也主要是还没有精通金钱游戏的人。

找到自己的阴暗面

澄清心神，进入不受打扰的冥想状态。按照前文所述的方式对自己提出以下问题：

政治生活中最让我恼火的事情是什么？

我对自己的伴侣在哪个方面意见最大？

我的工作中有什么让我特别厌烦的地方？

碰到什么事我会特别容易激动上火？

对立法则是如何影响你的生活的

如果你还从来没有接触过“对立”这个命题，那么我建议你先以身边的人为例思考下列问题，然后再分析它对自己生活的影响。

对立法则是怎样作用于你身边的人的？它对他们的生活有什么影响？它对你的生活又有什么影响？

如果少年时你曾经雄心万丈、充满理想，现在那些理想都实现了吗？

你是否有过事与愿违的经历？这都发生在哪些事身上呢？

我想要过穷人的生活，
但一定要有很多钱。
（毕加索）

你是否有过开头爱得痴浓，结局却极其惨淡的恋爱经历呢？

你有过梦得很美却摔得很惨的经历吗？那都是些什么梦想呢？

你订立过很高的目标吗？这些目标是实现了还是让我深深失望了呢？那些让我失望的目标是什么？

你经历过期望很少却收获很多的事吗？那都是些什么事？

为了挣钱，我愿意拿取别人的财物吗？

调节呼吸，放松，寻找内心的平衡，然后进入熟悉的冥想状态。向自己提出如下问题：

我愿意为了增加自己的财富而拿走别人的钱财吗？

我是怎样从别人那里拿取钱财并送进自己口袋的？这种方式合法合理吗？我能做到问心无愧吗？

我是否过于善良，无法接受“拿取别人财物”这种想法呢？

关于挣钱这件事，我有什么样的梦想？我的想法现实、合法吗？

“我自己”有多重要？我的健康和我的幸福价值几何？

我是否还能够给自己留点时间，还是说，我的每一分钟都已经有了现金价值？

在支付账单、税收和租金时我是心甘情愿的吗？我在支付时有困难吗？

6

钱越多就越幸福吗

你在金钱曲线的哪个位置

Die Geldkurve Die Geldkurve Die Geldkurve Die Geldkurve Die Geldkurve Die Geld

刚开始，每次微幅加薪都能给人以莫大鼓舞，我们感觉到生活品质不断提高。

接下来，大幅的加薪让你过上了越发奢侈的生活，你觉得一切都美好如仙境。

享受顶级美食、订购顶级珠宝、购买奢华旅游产品、收藏价值连城的艺术品……为什么投入的金钱越来越多，“享受”的感觉却越来越淡？

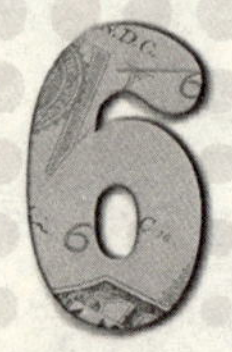

通常情况下，我们在刚开始时只拥有少量的钱，上天这样安排是有其深刻含义的。如果有谁一开始就坐拥万贯家财（这种事一般都发生在年轻的富二代身上），那么他的人生还没有展开就被埋下了重重危机，他在学习、进步以及自我发展方面的热情很可能会大打折扣。既然他现在已经拥有了一切，想要什么都是手到擒来，任何愿望都可以轻易得到满足，他为什么还要去努力呢？

若是仅仅着眼于我们子女的心理发展，我建议将遗产税提高到100%。这样，在很短的一段时间内，每个人都可以获得同等的发展机会，而国家也将在短期内拥有更多财产。当然这只是一个假想，世界上根本不存在同等的机会。况且，即使真的有人实施了这样激进的法令，也没有任何人会从中获益，因为这将导致所有人的财产在一夕之间全部被收归国有。共产主义国家已经尝试过这一方法，结果以失败而告终。另外，从长期来看，这个做法还有一个缺陷，它会导致富人阶层大逃离。为了保障个人财产的安全，富人们会带上所有的钱财和技术逃到别的国家去，在那里，他们可以放心地将财产留给自己的后代。至于这样做对他们的子女来说是否更好，以我30年当顾问的经验来讲，是很值得怀疑的。唯一可以确定的是，他们的出发点肯定是好的。

理论上说，年轻人在一开始没什么钱反而会有更好的机会。哪怕他一文不名也不要紧。正因为两手空空，所以哪怕收入只增加很少一点，都会引起心理上的显著改变，在生活上也会给我们带来很大的不同。可惜这种改善不会一直维持着直线上升的趋势。但人类却总是倾向于将已有的经验普遍化，总认为事物的发展是呈直线上升的。然而事实证明，至少在钱这件事上，这种看法并不适用。金钱的发展趋势是会变化的，可惜大多数人不是根本不明白这点，就是明白得太晚。其实不只是金钱，世界上所有事物的发展都是非线性的。如果我们能挖掘得更深一点，甚至还会发现，直线其实根本不存在。

在学徒期间手头颇紧的年轻人会控制自己的支出，长大后就会变得节约而知足，这些品性对将来的生活很有好处。只有这样，他才能懂得奢侈生活的来之不易，才能学会享受它。我们已经说过，“奢侈”这个词源出拉丁语，原义是“光”。如果我们想要享受奢侈生活带来的美好与光明，就必须先了解，甚至最好先经历它的反面。在获得了第一份工作之后，某天又得到了加薪，那么即使加薪的幅度很小，也会给人以很大的鼓舞。有了这笔多余的钱，我们就可以大大提高生活品质。接下来的每次微幅加薪也都会有类似的效果，我们可以感觉到生活品质在不断地提高。随着时间的流逝，加薪的幅度越来越大，但我们用多出来的那部分钱能买到的却越来越少。

不过大多数人都没留意到这一点，因为挣钱这件事早就发展出了自主意识，它阻止着人们去认清事实：越来越多的金钱只会带来越来越少的效用。当你的财产足以购买任何价廉物美的物品时，要想获得

我们对金钱的看法，远比金钱本身更能影响我们的幸福程度，
愈看重钱的人会愈对他的收入感到不满，
也连带对生活感到不满。（张怡筠）

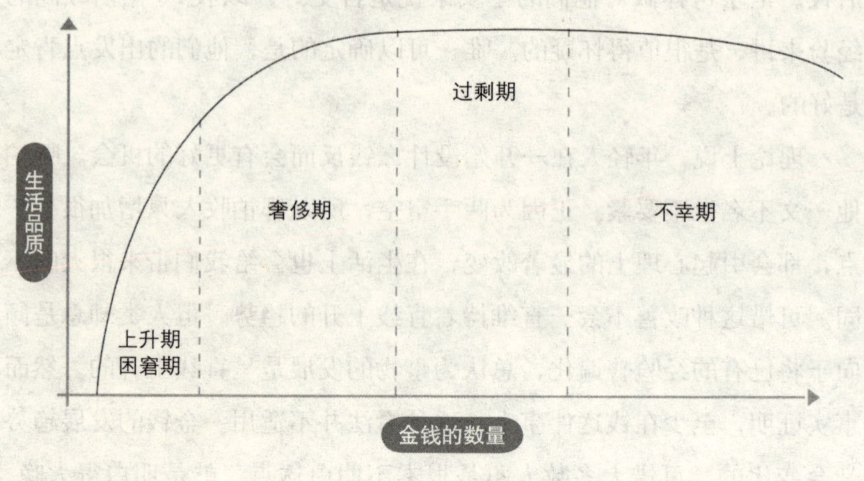

额外的奢侈享受，你就必须拥有非常多的额外财富。以此类推，要想让生活在原有的基础上不断变好，你的金钱数量就需要水涨船高。

当最华丽的起居室里装上了最好的立体声响，当你在富人区的别墅吸引着所有人的眼光，当你每次打开车库大门都会听到邻居家小男孩们发出的惊呼，当你住五星级宾馆已经成了家常便饭，当你出入都坐头等舱……请注意，你已经来到了危险的边缘，一不小心就会堕入金钱游戏那混乱的深渊。

而在此之前你会经历一段适应期。开始时你觉得一切都美好如仙境，每天你都在享受着它们。可是渐渐地，这些奢侈品变得稀松平常，享受的感觉越来越淡，并最终完全离你而去。现在，再想用钱提高生活质量已经变得极其困难。有些人花很多钱享受顶级美食，订购顶级设计的珠宝，或是购买极其昂贵的旅游产品，另一些人则收藏价值连城的艺术品。但无论如何，想要真正体会到“享受”的感觉已变得越来越不容易，而为此需要投入的金钱数额也越来越大。

最终你会来到曲线上的这一点：生活品质已经不可能再提高了，并且，要想维持现有的生活质量，你还必须不断有大宗的额外进账。可悲的是，当人们置身于这种情况时，几乎没有人会注意到自己已落入了怎样的窘境。挣钱在此时已经成了一种条件反射，谁也不会再去思考它的意义。人人都觉得挣越来越多的钱是一件理所当然的事，没有人还会对此提出质疑。然而这还不是最糟糕的。随着金钱数量的进一步增加，生活品质曲线甚至还会下降。这样我们就来到了一个自相矛盾的悲惨境地。位于这一区域的人强迫自己挣越来越多的钱，目的却是为了让自己拥有更多担忧和思虑，使自己活得更糟糕。

这种悖论往往发生在已经积聚了大量财产的情况下。如果你已经可以随心所欲地满足所有愿望，那么多出来的每一分钱都会增加你对失去财产的恐慌，因此你不得不想出越来越烦琐的措施以确保自己的财产安全无虞。与此同时，你也不得不面对周围越来越多的羡慕与嫉妒的眼光。而你自己为了挣到更多的钱，也必须不断付出更多的努力。此时，挣钱行为已经转变成了具有内在动力的自有机制，带着“钱越多越好”的坚定信念，你会将挣钱这件事内化进自己的血液，因为无法看透自己究竟身处怎样的疯狂境地，你会不断试图在更为浩瀚的钱海中寻求解脱。然而事实上，不断追逐金钱的举动反而会将你拖入更不幸的深渊。令人扼腕的是，大多数人根本不会意识到事情正朝着坏的方向发展，尤其是深陷于发展漩涡中心的高收入者或“精英阶层”。日益深化的资本主义以及全球化进程提高了人们的生活水平，但同时也带来了诸多问题。

其中一个尤为严重的问题就是：现有的社会形式确保了越来越多的财产集中到越来越少的人手上。一边是低收入阶层的工资长期停滞，甚至下降；另一边是高收入者的薪金迅速飙升，几乎无法抑止。而各

贫穷要一点东西，
奢侈要许多东西，
贪欲却要一切东西。（高里）

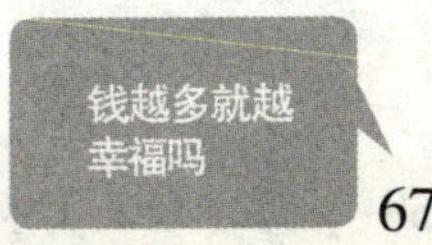

大公司的种种兼并、联手、收购等举措又导致了高收入阶层人数不断减少，与之相对，低收入者的人数却在不断增加。低收入者们生产出大量的产品，却由于囊中羞涩而无法尽情消费它们。他们本就时间多多，现在更因为工作时间的缩短，有了更多的时间去消费这些商品，但他们的钱包却无法支付。另一方面，高收入者们当然有足够的钱购买一切自己想要的东西，可惜他们没有时间，而且对于大多数商品，他们也早已失去了兴趣。

最糟糕的情况发生在失业者的身上。失业是资本主义附带的必然现象，对于我们的社会形式来说，失业如附骨之疽，无法剪除。失业者什么都没有，唯一不缺的就是时间，他们有充足的闲暇享受市场提供的所有商品，可是他们却没有钱。一言以蔽之，这个社会不断生产出过量的产品，它们的目标群体却没有时间来享用它们，而有时间的那些人又没有足够的钱来消费。

在那些装潢豪华的顶级酒店水疗中心，这种矛盾表现得尤为突出。那些地方看上去总是空空荡荡，人迹罕至。并不是那些健康项目缺少内容和吸引力，其中真正的原因是，能住得起这种高级酒店的人，通常根本没有时间进行健康水疗。失业者们倒是有大把的时间，但是酒店负责人绝对不希望在那里看到他们。如果建议顶级酒店向广大失业者开放健康水疗中心，这听上去也许是个极其疯狂的主意，但它却是合乎逻辑的。两相对照，现有状况的不合理性就一目了然了。

当然我上面的例子描述的是一种极端的情况，并且也只是个特例，我们大可不必为此担心社会经济现状。一般情况下各公司都必然会考虑到市场状况，并利用相应的营销手段为每个目标群体提供相应的产品。此外，他们还会借助针对性很强的市场调研，利用广告等媒体充分操纵消费者的购买需求。比如说他们会针对高收入者时间紧张的特点，研发出限量版产品激发后者的购买欲，而限量版产品之所以如此独特主要是因为它那令人咋舌的价格。这样的商品每销售出一份，业务员就会得到高额提成。与之相反，那些供应给低收入者及失业者的产品则一般利润很低，这是由购买者的购买力决定的，但因为购买者人数众多，所以也会给生产商带来足够的利润。为什么那些酒店经营者就只顾挖空心思不断升级装潢，却浑然不觉这并非解决之道呢？

美国斯坦福大学医学院精神病与行为科学系临床教授保罗·瓦茨拉维克在很久以前就对此做出了解释。他明确指出，不断增加相同东西的数量绝非问题解决之道。然而人类就是这么一种惯性动物，一旦踏入了某条轨道就会一根筋地走下去，即使这条路只会将他引向神经错乱。从这个意义上来说，人类真的很像以固执而著称的驴，后者也总是遵循着既定的轨道，一步也不偏离。面对这种情况，我不得不赞同各大宗教和各种传统中所提出的“觉醒”的要求。

来自亚美尼亚的苏菲派神秘学家乔治·葛吉夫曾经做过这么一个比喻，他将人间比喻为一座布满沉睡者的大厅。在这间大厅里，绝大部分人都在沉睡，他们做着五彩缤纷的梦，并认为那就是他们的现实。只有极少数的人是清醒的，这些人看清了真相，只有他们才知道其他人都沉浸在睡梦中。

听从内心的呼唤吧

刚开始的时候，很少的一点金钱就能带给人很大的享受。而随着金钱数量的增多，我们越来越难以感受到生活质量的改善。到了最后，拥有的金钱越多，带来的问题也越多。从小就被谆谆教诲着要努力工作的孩子，即使已经富可敌国，可能也只知道盲目向前，挣钱对他来

没有钱是悲哀的事，
但是金钱过剩则更加悲哀。
（托尔斯泰）

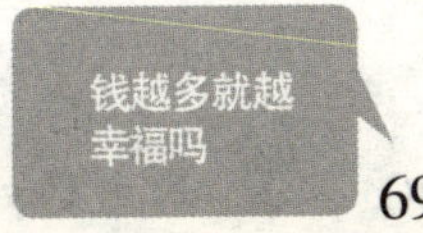

说已变得毫无意义，因为他不懂得该收手享受生活。因此，在教育的过程中，教给孩子以下忠告可能更为合适：**如果你在选择职业时听从了内心的呼唤，选择爱侣时不着眼于他的经济背景，那么你就走对了路，你一定会得到足够多的金钱回馈的。**

你在金钱曲线上的哪个位置？

在进行本练习之前，请先仔细研究本章开头部分的金钱曲线图。现在，请静下心来，放松，并借助意识和潜意识的帮助回答如下问题：

现阶段的你位于金钱曲线上的哪个位置？你还在曲线的上升阶段吗？还是已经来到了下降阶段？这对你有什么影响？

你为了获得更高的生活质量而付出的额外劳动是否与你的额外收获成正比？

你还能用金钱购买到某些商品来丰富自己的生活吗？

你更缺少时间还是更缺少金钱？

你还能把钱花在对生命有积极意义的事情上吗？相对于这个目标而言，你的钱是否已经太多了？或者，为了达到这个目标你还须多多努力，多挣些钱？

假设你有一笔遗产要留给子女，你是希望让继承人得到快乐，还是希望增长他的惰性，增加他的依赖感？

你在等待继承一笔遗产吗？你会不会因此而蹉跎岁月或虚度光阴？这份遗产有什么让你害怕的附加条件吗？

老天爷为什么不把通常的过程颠倒一下，让多数人首先获得财富，慢慢把它花掉，然后让他们在不需要再有钱的时候，变成一个穷光蛋死去呢？（马克·吐温）

7

时间真的就等于金钱吗

“时间＝金钱”的谎言

Zeit = Geld = Zeit? Zeit = Geld = Zeit? Zeit = Geld = Zeit? Zeit = Geld = Zeit? Zeit =

他们一辈子堆积起了无数财富，直到有一天医生说他们的时间所剩无几了……

就为了那一丁点退休金，绝大多数人都能疯狂地工作一辈子，莫非到那个时候你才获准可以享受生活？

对于喜欢的东西，你是不是忍着不去碰，总想着以后再去享受它？

7

若想解开金钱之谜，你必须先参透关于“时间 = 金钱”的这个等式。众所周知，等式的基本性质之一即为可逆性，3+4=7 同时意味着 7=3+4。以此类推，如果金钱等于时间，那么时间必须等于金钱。

这个等式的不可逆性，在我的许多男性病人尤其是那些年龄较大的男性病人身上表现得一清二楚。他们花了一辈子的时间积聚了大量财富，到头来却落入了相当悲惨的境地。

我看诊的时候，一星期碰见类似的病人两三个，这些富有的老绅士坐在我面前，急切地寻求帮助。他们在自己的一生中先后领会了关于金钱的所有规则，并大都堆积起无数财富，然而对对立法则他们却一无所知。直到有一天（往往是他们做例行体检的日子），医生对他们的情况下了一个很不好的诊断，告诉他们说他们的时间已经所剩无几了。对这些老绅士而言，这不啻为晴天霹雳，因为有些人根本就没有意识到自己会死，而其他人也认为自己至少还能活三四十年。

尤其可笑的是，那些认为自己会长生不死的人，其实压根就不相信人拥有不死的灵魂。而那些相信灵魂不死的人，基本上都接受了人的肉体会消亡的事实。对于在生命的最后时刻必须离开自己躯体的这一现实，他们大多不会像我的那些病人那样慌张。

回到这些病人身上来，当他们听到医生的诊断时都吓坏了，而医生那实事求是的冷淡态度只会让他们感觉更糟。基本上，这些病人首先都会试图重新掌控局面。他们会继续套用迄今为止决定了他们人生的那套办法：不断增加相同东西的数量。这一信条决定着大多数男人的思想和行为，因此他们的第一反应常常是逃到美国的梅奥医院（全美排名第二的世界级著名医院。不少政商界人士会专程来这里接受治疗，包括美国前总统里根、布什，约旦前国王侯赛因等。——译者注），进行再一次的检查，期待得到一个不那么让人绝望的诊断。如果这次尝试也失败了，而他们的妻子或秘书正巧读过我的书，那么有些人就会飞速来到约翰尼斯基兴的疗养中心找我。“钱根本不是问题，”他们会这么对我说，“博士先生，只要您能让我好起来！我有的是钱！”当我告诉他们，这绝对不是花多少钱的问题时，他们的第一反应往往是惊愕，继而变得非常恐慌。

要是有人靠出售自己毕生的时间换得了金钱，那么他自然会认为现在可以用自己所有的金钱重新换回时间。当他发现从美国专家或其他人那里无法得到他希望得到的答复时，自然会变得非常绝望。所以，当我不得不告诉他，他一生所信奉的“时间＝金钱”这个信条以前是错误的，现在是错误的，并且将来也只会是错误的时候，他的反应只能是恐慌。

而当他获悉我们这里的治疗套餐价格固定，他不能为相同的治疗支付更高的费用时，他的心情则变得更为沉重。我并不是要提倡金钱无用论，但金钱确实也不是万能的，至少它不能买回生命。因此，接受我的心理治疗的病人，即便他是腰缠万贯的大老板，也必须自己去思索和参悟。只有依靠自己灵魂的力量，他才能够从疾病的威胁和心理的恐慌中解脱出来。这并不是一件简单的事情，因为在整个一生中他从来没有考虑过灵魂的问题，而现在却要学着彻底改变人生航向。

要承认自己一直以来都高估了金钱的价值而低估了灵魂的价值，这在任何时候都不是件容易的事。尤其当人们来到生死关头，这份认知会比平时痛苦许多。在这时才被迫认识到，与许多东西相比，物质财富并没有多大的意义，这份了悟其实很危险，有时甚至是毁灭性的。

如果你早早就看穿了“时间 = 金钱”这个谎言，你就不用经历那种残酷的觉醒过程。如果你觉悟得较晚，那么你手中的牌肯定要差一点，不过无论如何也比根本没有认清这个事实要强!

用一个比喻可以把我的意思表达得更清楚。举例来说，一个来自欧元区的旅游者要出国游玩，而他的目的地国家使用的货币是一种软通货。那么只要这个旅行者心智健全，他就绝对不会在刚到这个国家的时候，就立刻把兜里所有的硬通货欧元全部换成为当地货币。因为他知道，旅程结束时他将无法把多余的钱再换回来。因此他每次都只会换一定数量的钱，只要够接下来几天使用就行。事实上几乎所有人面对上述情况时都会这么做，因此我非常不解，为什么当关系到对我们来说最重要的货币——我们的生命时间的时候，大部分人就搞不清楚状况了呢？那些把全部寿命都转换成金钱这种软通货的人，很明显无法再将自己的硬通货生命换回来，这完全就是个错误的资金决策。

有些人在 65 岁之前浑浑噩噩不解生命的真义，然后到了 65 岁突然决定要开始好好生活，这种人手上肯定只有一副烂牌。而一纸告知他“你将不久于人世”的诊断书则让他的处境更加艰难。说实话，这样的诊断本身就像要命的吊索，死死扣在当事人的脖子上。只有极少数的人在这种情况下还能享受和好好利用剩下来的时间。大部分人都会选择在剩下的时间里重复以前的生活——整日在战场上拼搏，不过以前他们是为了金钱而厮杀，现在则换了战场，开始为活下去而战斗。

值得庆幸的是，在赢得了这场艰辛的生命之战以后，至少会有一部分人开始学着真正享受生活了。他们现在终于能够领悟生命的真义，并以此指导自己的发展。

作为一名医生，我真的无法理解，为什么这么多人都必须借助于一份“死亡宣判书”才能真正开始生活。当然从另一方面来说，这样的诊断书并非没有好处，虽然它可能会置人于死地，但也可能会唤醒沉睡的灵魂，促使我们展开新的人生。

既然金钱换不回时间，请从今天开始热爱生活

我想跟你们讲一个故事，这是我一个病人的亲身经历。虽然第一眼看上去它似乎和金钱这个主题并无关联，但是它一定会给你留下深刻的印象，因为它昭示了我们是可以早早认识到生命的真谛的。

> 故事发生在20世纪80年代早期，这个病人在医院诞下了一名婴儿，这是她的第一个孩子。这次生产让她精疲力竭，为了尽快恢复体力，她接受了医院安排的输血。和所有曾经接受输血的病人一样，半年以后她必须接受一次例行检查，就是在这次检查中，她被查出携带艾滋病毒。上世纪80年代早期对艾滋病的研究尚处于起步阶段，由于对病症缺乏了解，医生们告诉她必须做好不久就会死去的准备。从此，她的丈夫开始了与医院的拉锯战，他认定这是医院和相关医生的错，多次将对方告上法庭，为此消耗了大量时间和精力。而他的妻子则调

整了心态，开始把每一天都当成生命的最后一天来过，她决定在剩下的日子里好好对待自己的孩子，做个好母亲。

由于这个特殊的契机，她活得越来越清醒，也越来越精彩，而她的丈夫却最终输掉了官司，不得不接受无法得到赔偿的法律结果。接到“死亡通知书”好几年过去了，在此期间他除了与医院打官司，就是忙着四处为妻子求助，我也是因此才认识了这位女士，并开始给她做治疗，帮助她重拾生活的信心。这位女士的免疫力一直很好，事实上她早就得到了最好的帮助：她把每一天都当做生命中唯一的一天和最后的一天来过。

终于，孩子到了上幼儿园的年纪，而丈夫忽然意识到，在心灵发展方面，他的妻子已经远远超过了他。于是他也开始进行冥想，并参加了一些同类课程，试图追上妻子的步伐。他告诉我，他最希望的就是能够得到和妻子一样的帮助，而我的回答是：我们每个人的头顶上都悬挂着同样一把来自死神的达摩克勒斯之剑（源自于一个希腊传说，表示时刻存在的危险。——译者注），我和他很有可能比他的妻子死得更早，因为她比我们先得到生命的严肃警告。而且，和大多数人相反的是，她接受了这份启示，并利用它提升了自己。

长话短说，这位女士的孩子开始上小学、中学，最后进了大学。现在她已经成了远近闻名的智者。人们都知道她是个非同寻常的人，遇事总爱向她征求意见。除了他们夫妻俩以及我之外，附近没有人知道她的秘密。对她而言，艾滋病直至今日也没有成为她的困扰，她非常感谢命运给了她这样一个启示。

我想说的是，其实我们可以将各种灾祸以及疾病都看成是生命的启示。从某种意义上说，疾病具有象征的意义，那是生命对我们迄今为止所作所为的纠正，它试图把我们引回到正确的发展轨道上去。因此，相较于无视规律、只相信巧合的人而言，那些能够从启示中认识到共振法则及对立法则的人显然拥有更好的牌。他们更善于发展自己，也更容易成功。“巧合，”有个深谙其道的人曾经这么说过，“不过是上帝的面具，当上帝不想被认出来的时候他就会给自己披上巧合的外衣。”确实，只要你稍稍用心，就会发现，巧合根本是不存在的，它只是人们在事情不顺利时惯于使用的一个借口而已。一旦我们理解并运用起共振法则，就会明白，所谓巧合其实是规则导致的必然。

在这里我想问大家一个问题：我们是否一定需要一份病危通知，才能够明白时间不等于金钱，生命比一切都重要得多？既然大家都知道，在我们的生命中，其他都是未知的，只有死亡是肯定的，为什么我们不能从今天开始热爱生活呢？我们在害怕什么呢？

挣钱的同时也要享受生活

为什么有些错误我们在度假的时候绝不会犯，但在生命中却会一犯再犯呢？比如说，我们绝大部分的人都会疯狂地工作一辈子，图的不过是齿摇发落时那一丁点儿退休金，似乎到那时我们才获准可以享受生活。这种规划究竟会导致怎样的结局，我想大多数人都听说了。事情的结果往往并不像人们当初想象的那样美妙，对于有些人，这办法甚至完全行不通——因为他甚至都熬不到那一天。

如果足够诚实，我们一定会承认，其实大家都想长寿，每个人都想长命百岁。与此同时，却没有一个人想变老，甚至大家都很怕变老。一方面是所有人都想活到很老很老，另一方面则是没有人想成为老人，这样看来，我们如此努力工作却注定只会换来不幸的结局。事实上，我们中大多数人真的就是这样度过一生的。他们会活得很久，同时在老年之后也变得很不幸福。最近几十年以来，我们的预期寿命更长了，与此同时，我们不快乐的几率也在增加。

比较聪明的做法是重新划分工作时间和享受时间，学会在生命的前半部分就开始享受生活。且不说老来享福这个愿望本身有多么飘渺和不现实，即使一切如我们所愿，难道我们就为了能在生命的最后一段时间里好好享受一番，却用尽生命中 80% 的时间去工作和挣钱吗？既然享福的时间只占生命的 20%，为什么不把它分摊到生活的各个阶段，不断给自己以新的精彩体验呢？只有这样我们才会拥有更多，也才会知道，工作和享受并非天生就是一对矛盾。

针对上述观点，人们最常听到的反驳就是：随着年龄的增大，我们会逐渐失去力量，各种疾病也会来造访，因此我们必须为了这一阶段做好经济上的准备。但是，为什么不从现在开始力争延缓衰老的降临呢？为什么不能像我在《疾病的象征意义》一书中所说的那样，从现在就开始为老年性多发疾病提早做好预防工作？此外，虽然体力上的衰老是无法避免的，但难道当我们年纪增长以后，就不能保持自己的灵魂与精神继续向前发展了吗？

一辈子忙着省钱，为的是到老了和生病时有保障，当医保范围内最强效的药片和针剂也救不了你的时候，你还能自己出钱去找医生要求接受更高端的治疗。这种做法对制药业和医护人员来说确实是个好消息，然而对本人而言，这样的打算实在算不上合理。

我们不可能永葆青春，这一点只要有点脑子的人都知道。但我们可以尽量保持身体健康，同时不断提高自己的心智及精神境界。如果你能够改变思维，那么很快你就会发现，**把占整个人生 20% 的休闲时**

间全部放到生命的最后去享受是很愚蠢的，我们应该将休闲融入我们的整体人生规划，使生命之旅充满生机和乐趣。同样的，你也会发现，这样的安排绝不会降低我们获得幸福的几率，正相反，它会帮助我们活得更健康、更充实。

学会打造休闲时间，你会得到更多回馈

究竟要怎样做，才能将休闲时间整合进生活中呢？对许多人来说，要做到这一点易如反掌，他们轻而易举地就能给自己找到放松的机会，这可能是一天中的某个时刻，可能是一周里的某一天，也可能是一年中的某段时间。可是现在，越来越多的人在现代社会的压力机制之下被迫放弃了自己正当的休息权利。

请看下面这张图片：

这是一个古老的太极标志，它能够形象地说明何谓和谐的含义——阴和阳、主动与被动的平衡。举例来说，即使在夜晚的睡眠中，也有慢波睡眠和异象睡眠的区别（慢波睡眠也被称为安静睡眠，深度睡眠。在这个时期人们不太做梦。异象睡眠也被称为REM睡眠，此时眼球快速运动，多数的梦都是在异象睡眠期发生的。——译者注）。要想在整个白天都保持良好的状态，最好是依照老人们说的，能抽空

睡个午觉。科学实验证明，这样我们才可能在下午也有足够的精力完成工作，并保持精神愉悦。如果有人想更进一步，在下午也拥有上午那样饱满的精神和超高的效率，那么我建议他听听我的《深度休息》这张CD，只要坚持跟随CD做练习，他不仅可以达到阿尔法状态（指初睡或初醒的状态。——译者注），时间长了还会自动进入塞塔状态（指浅睡状态。——译者注）。这里的阿尔法、塞塔指的是脑电波的不同形式，它们代表着人类不同的放松程度。

如果我们在下班之后再进行一次深度的休息，那么我们甚至可以将傍晚和晚上的时间也好好利用起来。这样，你不仅赢得了下午的时间，还将赢得晚上的时间，你的人生将比别人多出三分之二，最重要的是你的生活质量也将大大提高。此外，如果你愿意的话，甚至还能将这些时间转化成金钱。只要做个小小改变，你就会得到大大的回报。

上述方法完全可以被推广到更宽泛的时间范围里去。我们可以根据基督教的古老传统，每个礼拜给自己留一天假期，做一些有益于身心灵的事。

与此相反，如果某人整天忙忙碌碌只顾追逐成功，一心一意只想着挣钱，那么通常情况下，即使他连午间休息的时间也完全牺牲掉，也无法完成每天的工作。更糟糕的是，他还会不由自主地把下班后的时间也搭进去，因为工作上的忙碌感会自动传递到家庭生活中。即使他晚上面对着电视，脑子里想着的却还是工作上的事。对这样的家伙来说，下班和休息毫无联系。以此类推，从一天可以看到一年，从一年可以看到一生，你的每日行程已经透露出你的人生会怎样展开。如果你一辈子都不知道何谓“收工”，也别想拥有安然享受的晚年。

不妨就从中午小睡一下开始吧，这样你就可以把下午的时间好好地利用起来。而在下班之后，我建议你忘掉工作，真正享受“收工”

的感觉。也许你会对这种安排心存疑惑，但是相信我，**如果你坚持在生命中的每一天都既安排了奋进的高峰，也安排了安逸的谷底，那么生活会回馈你更多——这并非仅指心灵上的收获，甚至还可能涉及你个人账户上的数字。**

类推到金钱方面，“午睡”其实就意味着在中途就要学会享受，不要把所有财富都留到生命的终点。有些人一直到了退休之后才惊讶地发现，他们根本没法花完自己攒下来的钱。典型的中产阶级做法就是把这笔财富作为遗产留给子女，似乎这样自己就在一定程度上得到了永生，虽然他们也承认，这种永生的方式其实并不让人感到愉悦。再者，留给子女或子女的子女过多的遗产是很危险的，通过这种方式，父母或祖父母几乎可以任意操纵孩子们的命运。关于遗产究竟有多大意义这一点，我们将在后文中专门讨论。

另外的一些现代富豪则根本不相信死亡会那么快降临到自己头上。我们的整个社会都倾向于压制和排斥死亡这个话题，也许正因为如此，他们才明知人只能活一辈子，却仍然为自己聚敛起几辈子也花不完的财富。在一个有虔诚宗教信仰的社会里，这样的错误想法根本不会生根。而在一个原始的氏族部落中，现代富豪们的想法和做法更是不可能被接受的。

让我们来看一个原始印第安部落的例子：如果有人在早已准备好了冬日的存粮之后仍然卖力工作，那么其他的部落成员肯定会把他送到巫师那儿去。而在我们这里，人人都认为这种行为再正常不过。同样地，若是有个印第安人明明知道自己只能住一座帐篷，却一连建起了20座，那么大家都会认为他发疯了。而在我们这里，即使一个人在自己的住所之外还坐拥20座大厦，100套公寓，也没有人会觉得有什么大惊小怪的。

既然我们人类一直以自己的理智而自豪，那么在讨论到金钱的时候，我们也完全可以多动动脑筋，理智地来看待与此相关的生活计划。何况现在我们已经看穿了“时间=金钱”这个谎言，就更应当把着眼点放在此生此景上。即使你相信“重生”，我也仍然建议你采纳我的建议，因为所有认可“重生”的宗教都认为，人们虽然可以带走自己的灵魂，却无法带走任何有形的物质。对此，各种文化里都有几则笑话，专门用来讽喻不愿接受这一现实的人：

家财万贯的天主教徒X形容枯槁地躺在床上，他早已到了见上帝的年纪，却一直苟延残喘着不肯咽气。终于，医学博士们退到了后排，红衣主教走上前来。“唉！”老人抱怨着说道：“要是至少可以带上我的金币就好了！”“您真爱说笑！”助理牧师不小心脱口而出，“那些金币会被烧化的！”

摩伊士病得快要死了，此时他已经双目失明，正奄奄一息地躺在病床上，全家人都集中到了他身边。因为看不见，所以他开口问道：“亚伯拉罕，我的大儿子，你在这儿吗？”大儿子应了一声。于是摩伊士又转而询问妻子萨拉的去向，这样一圈下来，终于轮到了小儿子：“本杰明，我最小的孩子，你也在这儿吗？”“是的，父亲。”小儿子尖声回答。只见摩伊士突然从病床上坐了起来，高声叫道：“那谁在照看生意呢？”说完，他就死了。

相较于西方人而言，信奉东方宗教的人通常不太会做出上述的可笑举动。也许这是因为我们过于强调物质层面，而忽视了精神层面的缘故，其实我们的宗教也很清楚地知道，裹尸布上是没有口袋的。遗憾的是，我们正在逐渐将宗教抛诸脑后。总之，对物质的过分追求以及对精神和宗教的忽视，这一切都导致了在涉及金钱这个主题时，一大堆非理性的奇怪想法和冒险行为大行其道。就拿某位极其富有的美国歌星来说吧，他试图依照密宗喇嘛教寻找转世高僧的方法，让公证人和律师找到转世的自己，从而把这辈子聚敛的钱财留给下辈子的自己使用。原本很严肃的宗教形式，在这里却显得极其荒谬。

其实只要你能安排好每一天的行程，就可以安排好自己的一生，因为生命正是由许多个“一天”所组成的。你应该在每一周给自己空出一天，而每个月则留给自己一整个周末。而对于现代女性来说，这段休息时间尤为重要。只有按时休息，她们的经前及经期不适症才能得到缓解。事实上，只要她们不过分苛求自己，每个月给自己放个假好好放松一下，就可以较为平缓地度过生理期，身体机能也会得到更好的修复。

如果以季度为考量单位，那么我建议你留一个星期的时间好好放松，在这个星期里，你只顾花钱就对了，千万不要再想着挣钱。一段时间的休息之后，你将会如同浴火重生的凤凰，变得更有干劲，对工作抱有更大的热情，这样的你一定能取得更多的成就。

如果以一年为期，那么最好能够给自己放一个月的长假，你可以利用这四个星期的时间好好享受生活，比如可以考虑去海边度假。这里要注意的是，在选择休假的方式时，你一定要同时兼顾到身体、心灵与精神的修复。如果善于利用调休和长周末，再加上原本就有的年假，这样的计划对大多数人来说还是颇为可行的。

如果你还想更进一步，那么我一定要建议你在前半生和后半生各给自己留出一个整年作为休养年。用我个人的经历来说，在大学学习结束之后，我就给自己留了整整一年的时间来考虑今后的人生方向。

这一年对我的人生产生了深远的影响，为我的工作提供了一个完全不同的起点，其积极效用远远超过单纯的学习再深造。虽然当时我的家人想出了种种理由阻止我这么做，亲戚朋友们也持反对意见，但这一年的时间花得很值，它非但丝毫没有影响到我的成功，甚至还帮助我取得了更大的成就，包括经济方面的成就。

但更为重要的其实是后半生的休养年。有了这段闲暇，你就可以静下心来，看清何谓生命的真谛，并为自己重新回到正确的轨道做好准备。而在金钱这个层面，年过半百的你将更能体会到，你的生活重心不再是挣钱，而是如何利用金钱促进自己的发展。

我的时间价值几何

静心，进入冥想状态，思考下列问题：

“时间＝金钱”这个等式对我的生活有多大的影响？

我的时间对我而言价值几何？

眼下我拥有多少金钱？这些财富中凝聚了多少时间？

我觉得自己能活到多少岁？我是否以为自己的肉体会长生不老？

我相信灵魂不死吗？拥有一个不死的灵魂对我来说有多大的意义？我愿意为此投入多少时间和金钱？

我知道钱财是生不带来死不带走的吗？或者，我虽然明白这点，却依然不断堆积物质财富？我认为金钱会让人快乐吗？

假如你只能再活一年

假如你得了绝症，只能再活一年——当然这只是一个假设，那么你会去做些什么？你会改变自己固有的行事方式吗？

若想获得更深的感悟，请选择一位已故亲友的墓地，躺在墓前的草地上思考上述问题。

活在当下

进入冥想状态，思考下列问题，记下第一个浮现在脑海里的答案。

我认为自己还能活多少年？

我打算从什么时候开始好好生活？

我在等待什么？我存钱是为了什么？

能够挽救我和我生命的是什么？

能够唤醒我的生命的是什么？

要想促使我苏醒过来，开始真正的生活，命运之神或我的守护天使必须做出怎样的安排？

我还有救吗？

我准备何时才去享受

进入冥想状态，对自己提出如下问题，记下脑中浮现的第一反应。

我这一生在等待什么？我还想等多久？

我做事是不是喜欢拖拉？

我是不是把某些书放到了一边，准备退休之后才去看？我觉得自己这辈子真的还能看完它们吗？

对于不喜欢或是令人不快的事，我是不是会故意拖延着不去做？

对于喜欢的东西，我是不是忍着不去碰，总想着以后再去享受它？

我还有机会进行自己梦想中的旅行吗？我是否应该现在就开始准备？

迄今为止，我克扣了自己多少的休闲时间？我准备以后用多少时间和多少次旅行来补偿自己？

规划休闲时间

冥想，静静等待自己进入熟悉的放松状态。对自己提出如下问题：

我会在每天中午休息一下，让自己喘口气吗？我以前是怎样做的？以后我打算怎样做呢？

我能清晰地回忆起自己做过的梦吗？做梦的时候我有身临其境的感觉吗？如果答案是“否”，我愿意做一些什么来改变这种状况呢？

如果每周有一天的闲暇时间完全属于我自己，我愿意单纯为自己做些什么呢？具体是什么呢？

我不能每个月都享有一个闲暇的周末吗？什么事阻止了我？如果可以拥有这样一个周末，我打算如何度过它呢？

如果每个季度有一周休息时间，我会怎样规划它？我的身体、心灵和精神又会得到怎样的发展呢？

我要怎样做，才能保证自己每年都有一个月的时间用以恢复身心、发展自己？我会如何利用这一个月？

我要如何规划，才能够给自己的前半生和后半生都留出一个休养年？如果在前半生我无法做到这一点，那么在后半生我应该如何补救？

至少，在一个人青春年少的时候，
不应该急功近利，
急于用大好的时光去兑现成“金钱”。

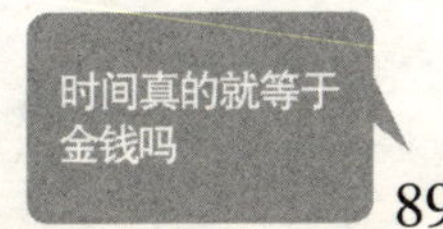

8

金钱也有好坏之分吗

金钱的质量

Die Qualität des Geldes Die Qualität des Geldes Die Qualität des Geldes Die Qualitä

钱多好还是钱少好？今天的我们为何总喜欢对数量投以过多的关注而将质量抛诸脑后？

金钱也有质量吗？如果黑钱并不“肮脏”，人们为什么还要“洗黑钱”呢？

为什么生意做得风生水起的房地产经纪人竟能被失眠症逼到精神错乱的边缘？

面对“钱多好还是钱少好”这个问题，每个人都会不假思索地回答：“当然是钱多好！”对此，作家内斯特罗用一个经典问句表达出了大多数人的心声：“腓尼基人在发明钱的时候，为什么不能多发明一些呢？”今天，当我们谈到钱的时候，几乎所有人都只会关注它的数量，每个人都期望得到尽量多的钱。那当然不是因为拥有金钱本身是一件多么令人愉快的事，而是因为金钱为我们提供了多种多样的可能性。这样看来，我们也完全可以对金钱的质量提出疑问：金钱有质量上的区别吗？

通常而言，任何一种物质只要具有一定的形式，就必然会有一定的内容。早在毕达哥拉斯时期，以这位著名数学家命名的学派就研究出了一门关于数字质量的科学，不过获准接触和研究这门科学的仅是毕达哥拉斯学派核心圈子的成员，而外部圈子的成员则仅仅关注数字的数量特性。时至今日，学校里的老师在教授毕达哥拉斯定理（即勾股定理）时，仍然只会注重它数量上的意义，事实上今天的我们在任何领域都喜欢对数量投以关注，却喜欢将质量抛诸脑后。

金钱也有质量？当然！否则就不会出现诸如黑钱、血钱这一类的词语。再说，如果不是因为黑钱具有“肮脏”这一质量特性的话，人们为什么要“洗黑钱”呢？这样看来，钱也分“好钱”与“坏钱”。

然而在当今社会，优胜者获得的不同奖励等级往往只体现在钱财的多寡上。因此很多人一门心思只想着获得尽量多的钱财，至于这些钱是如何来的，他们毫不关心。

只可惜，我们的灵魂比我们自认为的要老派得多，它们还遵循着那些早已被“时代精神”所抛弃了的老旧规则，因此对于现代的这些游戏，它们只能勉为其难地参与其中。对于我们的灵魂而言，钱真的有好坏之分。在心理治疗的过程中，我曾经碰到过这样一个病人，通过他的故事我想你能够更好地理解上面的观点。

这位病人是个富裕起来没多久的房地产经纪人，他来我这里是因为他一直受到失眠症的困扰，几乎一刻也不得安宁。他的生意做得风生水起，据他自己说，夫妻关系这方面也非常和谐，但是他本人已经被失眠症逼到了精神错乱的边缘。通过诊疗我发现他的问题在于心病：我们每个人的行为都受到灵魂的评估，而他的灵魂对他一直以来的挣钱方法和手段并不赞同。

不安的灵魂开始造反，而我的病人则失去了睡眠和夜间的安宁。其实在此之前，他的灵魂早就提出了抗议，但他一直对此置之不理，它越来越不安，并最终揭竿而起。结果，这位经纪人完全失去了内心的平静。他不仅晚上无法入睡，白天也没法集中精神，他的幻觉越来越严重，还常常会不由自主地失声痛哭。那么他的钱到底是如何挣来的呢，他的行为到底有多严重呢？用他自己的话说，他是“钻了法律的空子，打擦边球”。

金钱的世界不是永远美丽的，
钱有种能量能让人堕落，也经常使人暴露出最丑陋的人性。
（安德烈·科斯托拉尼）

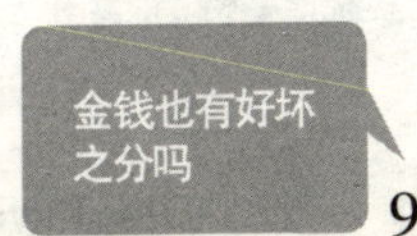

原来，他的工作内容就是将老式住房里的租户赶走，再将这些房子分割成小单元，重新进行豪华装修并高价卖给他人。这一行为导致了灵魂的不安，从此，他的灵魂开始不断要求主人对那些被驱逐的住户做出赔偿，对我的病人而言这种罪恶感既陌生又讨厌，与此同时，他开始受到失眠症的侵袭，被搞得精疲力竭。

其实当时信号已经非常明显：这名房地产经纪不能再这样下去了，他应该清醒地认识到自己的所作所为有多么不道德，而不是闭上眼睛，无视其工作方式有多么残酷。不由自主地流泪也是一个很好的证明，这说明他的灵魂感到悲伤，想要哭泣。他的眼泪之所以总是“不由自主”地流出，原因在于他的理智长久以来已经阻断了他去理解心灵的呼唤。事实上，他甚至根本想不起来自己上一次哭泣是在什么时候了。

这种类型的治疗或解脱办法其实不过是另一种形式的洗钱。这位先生的灵魂想要看到他以钱抵罪，通过善行洗清金钱上的血迹。于是，他开始四处打听那些租户的去处，并追随着他们的足迹，来到了一个又一个养老院。可悲的是，绝大部分的人早已不在世上了。经纪商无法摆脱心底的隐隐怀疑，他始终怀疑这些人的突然离世和自己当初对他们的驱逐有关。最后，他只有通过慷慨捐赠的方式，以数额巨大的善款来洗刷自己的罪过并试图换回灵魂的平静，虽然这并不能弥补他当年所造成的伤害，但他只能通过这种方式来为自己赎罪了。

我拥有的金钱数量和质量成正比吗？

深呼吸，进入深层放松状态，考虑以下问题：

我所拥有的金钱数量和质量成正比吗？它们之间关系如何？

用灵魂的眼睛来看，我的钱有什么质量上的特性？

我挣钱的方式是否无论从哪个方面来看都无可指摘？

我的金钱和财富可以和哪一种能量联系在一起？

9

金钱如何夺走了你的情感

金钱，爱的替代品

Geld und Gefühle Geld und Gefühle Geld und Gefühle Geld und Gefühle Geld und Geft

放弃追逐股市利益的夫妇财务状况不如从前，为什么却感受到更多的幸福快乐？

现代社会，金钱是如何代替爱的？所谓金钱能买到的“爱情”，不就是“性”吗？

“等我挣够了钱就开始好好生活”，直到生命的尽头，人们才惊觉这个想法偷走了自己的一生。

佛说众生皆苦，而苦难源于依恋。事实上，人类最依恋的东西恰恰就是金钱和财富。大多数现代人把所有心思都放在了这两样东西上面。根据圣经的说法，魔鬼才是物质世界的主人。不过也可能正是出于这个原因，人类才如此狂热地追求这两样东西。从这个角度上说，他们和把灵魂出卖给了梅菲斯托的浮士德没有什么两样。所有这一切的背后都闪烁着贪欲的影子，正因为如此，佛教将“贪”定义为苦难的源泉。而在人类社会里，我们的“贪”尤其体现在对金钱的渴望上。

通过下面这个发生在现代社会里的真实故事，你可能会对此有一个更为直观的认识。

有个人在工作上一帆风顺，平步青云，很快升上了经理。其时正值股市大热，于是他很快也投身于炒股大军之中。此前他的财务顾问告诉他说，他可以直接将个人财产的四分之一投入股市。这个人也确实运气不错，一入市就大赚，投资收益达到了 30% 以上。高额的利润很快就促使他投入了更多的金钱，直至全部流动资金都冲入了股市账户。

可是这还不够，贪欲要求他投入更多，终于他押上了全部身家，甚至不惜为此解除了自己的人寿保险合同。此时的股市行情依然一路看涨，他不由地又打起了妻子财产的主意。他的妻子对钱并不感兴趣，只是一心一意地经营着自己的诊所，多余的钱都被她老老实实地存进了银行。在股市大获成功的丈夫开始游说妻子把她的钱也“投资”进股市，而对钞票毫无概念的妻子几乎是不假思索地同意了丈夫的建议。股市的发展完全符合这位先生的预测，看起来他又做出了一个英明决策，夫妻俩现在简直是日进斗金！他们非常得意，经常在晚上举杯畅饮，庆祝他们的成功。但你若是以为他会就此收手，那你就错了。在股票上的成功不过是激发起了他更大的贪欲，他转而开始玩起了期权，而在期权市场他甚至获益更大！

然而该来的总是要来。终于，证券市场的泡沫破灭了，随之破灭的是经理先生心中不断高涨的贪欲及昙花一现的股市梦。当然他并没有坐以待毙，变化刚刚发生的时候，这位经理还试图通过投入更多的资金和精力来守住阵地，可是他的努力却最终只导致自己输得更惨。就这样，在很短的一段时间内，他和妻子积攒了一辈子的钱财就这样成了过眼烟云。这可是他们20年的心血呀！更糟的是，他那一贯对财产不闻不问的妻子似乎一夜之间突然对金钱有了兴趣，开始天天用指责和咒骂折磨他，这位经理人当时离自杀只有一步之遥了。

这样的故事并不稀奇，股票交易所里每日都上演着类似的悲剧。有时候你会觉得股市仿佛有自己的意志，它向人们收取高额的费用，

只有通过爱，我们才能找到生命的意义。
当我们在爱中成长时，我们自己就成了生命的意义。
（僧侣大卫·斯坦德-拉斯特）

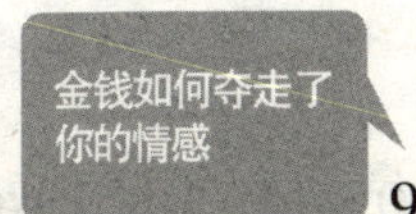

目的正是为了治愈人类的贪欲。与此相比，找专家进行一次心理治疗其实要合算得多，因为后者的医疗范围除了“贪欲”这个主题外，还包含了其他跟“阴暗面”有关的各类主题。

回到这对夫妻身上，如果他们将着眼点放在心灵发展上，那么他们的境况绝对算不上糟糕，甚至在我看来，他们简直可以说是得到了炒股者能得到的最好结局。因为对于我们的灵魂而言，最可怕的其实是不断膨胀的贪欲领着我们从一个“成功”走向另一个“成功”，在他们的这个例子中，如果他们今天还坐在成堆的钱上数钞票，那才是更糟糕的，因为这些钱都带着血——别不相信，这就是现代股市的真面目。如果不是通过种种践踏人权的生产方式和生产措施，就像我在《这世界病得有多重》一书中描述的那样，他们怎么可能得到这样高额的利润呢？看看那些所谓“成功者”的可怜灵魂吧，当它们只能和股市里的脏钱绑定在一起的时候，这有多么可悲啊！

当然，最后这位经理并没有选择自杀，而他的妻子也并没有抛弃他。然而生活中确实有很多人会因为钱的原因而离婚。在这些人看来，离婚时得到的家产或是扶养费能够抚平他们的创伤，弥补他们在婚姻中遭受的不公平待遇。事实上有这种想法的人几乎注定会失望，金钱怎么可能补偿得了精神上的创伤呢？在制造幸福与和平这方面，金钱能起的作用实在是微乎其微的。

继续说说我们的这位朋友。在经历了一场如此昂贵的“股市疗法”之后，他来到了约翰尼斯基兴，接受我的治疗——相比之下，我收取的费用可比股市少得多。通过我的帮助，他清醒地认识到了自己的现状：一方面，他们已经不可能再积攒起以前那样多的财富；另一方面，在知道了股票的高额利润是建立在其他人的贫困与痛苦之上时，他们也决定放弃去股市追逐利益。因为这对夫妻本身收入颇高，所以他们决定从此刻开始好好享受生活，不再去考虑储蓄或投机之类的事情。这样做了以后，他们发现，虽然他们现在的财务状况比以前差了不少，但感受到的幸福与快乐却增加了许多。

事实上，如果他们能早一点对现代幸福学研究有所了解的话，那么一切都会简单得多，而且也便宜得多。今天，现代幸福学已经证明，当生活水平到达贫困线以上时，金钱对人们的幸福感就几乎没有什么影响力了。前文中我所描述的金钱曲线其实也说明了这一点。

畅销书作家斯特凡·克莱因借助于该项研究结果，同时结合了多项数据，强有力地证明了金钱和声望不但不会提高人们的生活满足感，反而会降低它。在他看来，虚荣心是最有效的自我折磨工具。更糟糕的是，现代幸福学研究还表明，即使费尽心机获得了更多金钱和权力，人们的幸福感也不会有所提升。

金钱，沦为爱的替代品

金钱常常被沦为爱的替代品。比如说，很多人喜欢用遗产的形式来表达对后辈的疼爱。有时候，直到律师宣读遗嘱，孩子们才恍然大悟——原来长辈是很爱（至少是喜欢）他们的。另外一些人就没有这么幸运了，他们直到长辈去世才知道原来自己原有的期待全都落了空，这些人可以说是受到了死去亲人对其的惩罚。在现代社会里，经济上的资助和感情上的关注逐渐成为等值的东西，简直都可以互换了。

在此，金钱和财物（在具体的情况下也可能是房产）这些物质财富已经固化成为爱的常规表现形式，它们已经变成了一种用以表达爱和喜欢的货币。

与此相似，或者也许更为悲惨的是，有些父母（主要是父亲）甚

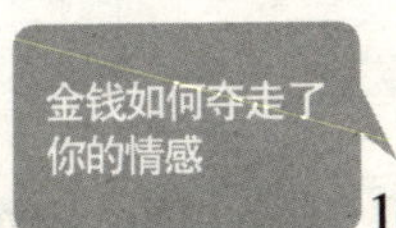

至在他们活着时也只知道用物质财产的形式来表达爱和关怀。如果孩子愿意接受这种以经济形式表现出来的关爱，那么谢天谢地，虽然父母选用的方式不当，但这无论如何也算是一种爱的表现。毕竟我们得承认，物质关怀总比完全不给孩子关注要强得多。同时，如果孩子能够认识到父亲在爱的表达方面有困难，那么他会更容易原谅自己的父亲，也更容易理解其实自己并没有受到冷落。不管怎么说，一个愿意支付抚养费的父亲总比连这个都做不到的父亲要强。

事实上，如今的父母之所以特别喜欢选择金钱作为奖赏孩子的形式，与年轻一代的期望也脱离不了关系。现在的孩子更愿意收到钱，而不是具体的礼物。因为有了钱，他们可以想买什么就买什么，个人的欲望可以得到更好地满足。而对于考到好成绩就可以获得金钱奖励这种事，今天的人们也早就习以为常了。父母用给钱这个举动表示：我因你而骄傲，我爱你。

至于那种所谓的可以用金钱买到的“爱情”，在当今社会也早已是司空见惯。乍看上去，这种关系似乎昭示了在金钱和爱情之间确实存在着某种联系，事实上这种关系和爱情并不相关，它只和肉体的表现形式有关，说得更通俗一点，那就是“性”。爱情是不可买卖交易的，你既不可以规划它的发生，也不可能改变它的方向。

在现代社会里，人们越来越容易混淆事物的形式和内容，也越来越常用数量代替质量。以前所有人都在追寻一生挚爱，而现在的情况是每个人都能体验到更多的性。以前形式和内容常常紧密结合在一起，那时候的食品中包含了我们生活所需要的一切，而今天的食品虽然看上去和以前的差别不大，甚至卖相比以前的更为诱人，却不再包含必需的营养和能量。过去是食品匮乏，现在是营养品泛滥，就像某位营养学老师所说的：“我们现在的食品中含有过量的卡路里，却缺乏必要的营养。”

金钱不仅已经成为世界商品买卖中通用的交换工具，也成了全球市场上炙手可热的商品。此外，它的交换功能还体现在其他所有你能想象到的领域中。就好比我在上文中所阐述的，当一个父亲不愿再从精神上关心他的孩子时，他可以选择支付抚养费。

这样他就无需再亲历亲为地照顾孩子，他要做的只剩下一件——支付金钱给孩子的母亲，让她去做这件事。就这样，金钱成了现代社会里最通行的替代品。

有的人甚至走得更远，他们干脆放弃了对爱的追求，完全臣服于内心的贪婪。在他们看来，对金钱的追求才是生命中最重要的目标，它完全可以代替爱。

这是因为，很多人误以为，只要拥有了金钱，就能够买到一切，这其中当然也包括了各种形式的爱。他们以为，有了钱自己就会得到尊重，并且会为人所爱。事实上却正好相反，有钱人其实更容易成为被人妒忌的牺牲品。很多人天真地以为遭人妒忌说明自己受到了关注，但妒忌归根结底是一种负面的情感。

“等我挣到了足够多的钱……”

恐惧是一种精神上的反应，但那些对生存心怀恐惧的人却会试图通过物质手段来战胜它。他们拼命工作堆积财富，以为这样就可以消除自己的恐惧感。他们满心以为，当自己能够想买什么就买什么的时候，恐惧就会渐渐消失，然而事实证明，这只是他们的一厢情愿。《星球大战》中的尤达大师曾经说过：“要想战胜恐惧，必须先勇于将它说出口。”他说的是对的，你必须直面自己的恐惧。虽然有句俗语说：“金钱买不到幸福，但至少能让人平静。”但据我观察这句话也不是普遍适

有些人希望靠财富而被人尊重，
但它只会更加暴露他们的空虚和愚蠢。

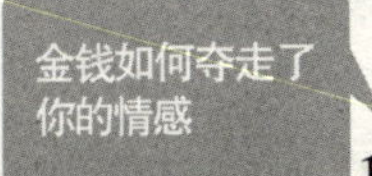

用的。只要细心一点就会发现，对于消除恐惧而言，金钱能起的作用实在是微乎其微。正因为如此，那些人才会继续拼命干下去，堆积起越来越多的金山银山。即使挣到的财富早已足够满足所有的愿望，他们仍然秉承着“好东西当然是越多越好”的信念，坚定地在敛金的道路上越走越远，心中燃烧着这样一个希望：等我的财富达到了X，或者Y这个数值的时候，恐惧将会离我而去。

不幸的是，这对所有这样想的人来说都几乎是痴心妄想，更糟糕的是，这个想法使人无法活在当下。他们总是想着：“等我挣到了足够多的钱，就开始为自己而活。”可这个“足够多的钱”没有确数，这个“开始为自己而活”的时间点会被不断推后。由此，第一位幸福学专家亚伯拉罕·马斯洛的观点就很容易理解了，在他看来，金钱只是一个保健因素（参考弗雷德里克·赫茨伯格的“双因素理论”。该理论认为，存在着两种不同类型的激励因素。一类是能促使人们产生满意感的因素，称为激励因素；另一类是促使人们不产生不满的因素，称为保健因素。——译者注）。

其实这个“等我挣够了钱就开始好好生活”的想法古来有之。其蕴含的中心意义是“从明天起，我一定好好活”。这样做的人并不少，他们不断下意识地告诉自己：**“只有当我拥有了足够多的金钱，才能得到所有让我幸福的东西。”不知不觉中，一辈子就这样过去了，一直到了生命的尽头，他们才会惊觉这个想法偷走了自己的一生。**

真相是残酷的，即使你极其努力，即使你为自己设定的“足够金钱量”从数学上来说不难实现，但如果你仅仅指望依靠金钱的帮助就得到幸福，那么你永远也无法如愿。个人的恐惧感不会随着物质财富数量的增加而逐渐消失，幸福感也不会随着富裕程度的增加而自动上升。

究竟怎样才能消除我们的生存危机感，这个问题我在《疾病的象征意义》及其他同类书刊中曾经谈到，也提出了相应的解决办法。不过，所有那些拥有过少财产或觉得自己拥有过少财产的人（不幸的是，几乎所有人都这么认为），都宁愿相信“钱不能使人幸福，但至少能让人平静”这句俗语。在他们心目中，就算金钱不能帮助他们排除生存危机感，但至少能在一定程度上使他们安心。我自己其实也认识几个超级富豪，可惜他们中从来没有谁曾经表达过钱能让人安心这个想法。恰恰相反，白手起家的不断担心有一天自己可能重新变穷，而衔着金汤匙出生的则害怕家道中落，总之，在这些人身上看不出一点“金钱能给人以平静”的影子。

不仅如此，事实上，金钱和恐惧还很容易陷入一种恶性循环当中：金钱会导致或引诱人埋头赚钱，当钱的数量稍有增加，人们的恐惧感就会立刻水涨船高，因为此时他们又平添了一份担心——他们担心会失去这部分额外的财产。据说这种担心连亿万富翁也不能幸免。而不幸有所失的人，即使他现在仍然拥有很多，却一定会闷闷不乐，而且多数情况下比以前一穷二白的时候还痛苦得多。

金钱是爱情的基础，
也是战争的起因。
（托·富勒）

有钱才能幸福吗？

你是否一直坚信“有钱才会幸福”？现在你已经了解了幸福学的研究结果，你愿意修正自己以前的想法吗？

在你心目中，金钱及财物占了多大的比重？

你生命的意义是什么？

你试图通过哪些方式获得幸福？

为了获得更大的成功，你准备放弃哪些东西？

对你而言，心理治疗有多重要？幸福有多重要？

金钱与爱究竟有什么联系？

放松，找到内心的平静。集中注意力，以如下问题为向导，深入考虑金钱和爱的关系。

拥有的钱越多得到的爱就越多吗？我有多么相信这一点？

我曾经因为没有钱的缘故失去过真爱吗？

我能用钱买到一些让我觉得有点像“爱”的东西吗？它们都是些什么？

金钱还能作为什么东西的代替品？

金钱带来了哪些不安全感

全身放松，澄清心志，进入冥想状态，考虑以下问题：

生活在德国、奥地利、瑞士这样的国家里，我遭受饥饿、饥渴、寒冷或是无家可归这种事的概率有多大？为此而恐惧担心具有多大的现实意义？

就我所知，哪些不安全感和金钱、贫穷和财富有关？

如果我身上带着很多钱，我的感觉是怎样的？我是感觉比较安全，还是比较不安全？

如果我身无分文，那又是什么感觉？

什么才是关于金钱的“中庸之道”？需要有多少钱，我才会既觉得安全，又不担心别人觊觎呢？

10

遗产究竟有什么意义

遗产的力量

Die Macht von Erbschaften Die Macht von Erbschaften Die Macht von Erbschaften I

为什么某些继承了巨额财产的人往往结果一事无成，感情婚姻也不顺利？

馈赠遗产似乎天经地义，为什么达尔克博士希望人们在对待遗产上要格外小心？

父母或祖父母们是如何通过遗产的力量，在无形中操纵孩子们的人生命运的？

从质量上来说，继承得来的财产和自己挣来的财产是不一样的。绝大多数的继承人不会主动动用继承到的财物，甚至根本就不会有这个念头。而少数那些确实动用了遗产的人往往都会遭遇到各种各样的奇怪问题。尤其是如果当时馈赠人还在世的话，他们就不得不经历一场感情上的考验。因为长辈们在馈赠财物的时候，一般都是以接受馈赠者会使财产增值为出发点的，至少他们也应该保证所继承的财产不会缩水。另一方面，如果遗产的数额巨大，还容易给继承人带来额外的负担。一夜之间得到大量财产不会使年轻人挣脱生活的烦恼，也不会激励他们奋进，更不会促使他们脱颖而出。

一位出身于典型中产阶级家庭的女士因为颇有生意头脑而挣得了不少身家，她丈夫的财产也不亚于她。在丈夫不幸去世以后，这位好心的母亲立刻将亡夫的遗产分给了三个子女。

由于她年纪轻轻的儿子不费吹灰之力就得到巨额财富，很快就堕落成一事无成的浪荡子。他无法完成任何一门学业，无论做什么工作都没法持久，在两性关系上也变得很不严肃，总是很快就结束一段恋情。此时母亲终于警觉起来，怀疑儿子的堕落和她自以为好心的馈赠有关。于是她请来了心理专家给孩子做专门的心理鉴定。经过会谈和测试，专家们一致认为：正是因为一夜暴富，这位年轻人认定此生再也没必要努力奋进，行事也变得极其随心所欲。学习上他不愿意听从教授的意见，工作上他不接受上司的指责，而在恋爱中也不愿向女友妥协。

至于这个年轻人的两个姐妹，她们的情况同样好不到哪里去。他的姐姐已经出嫁，生活颇为富足，她用这笔遗产给家人买了一栋漂亮别墅，以为生活一定会变得更美好。谁知这个举动反而导致了夫妻间的危机。长久以来，她的丈夫一直担负着养家的任务，并以此为荣。现在他却必须接受妻子的馈赠，最主要的是，他将失去一家之主和主要劳动力这个角色。他没有办法适应这种新情况，在他看来，他现在已经成了个吃软饭的家伙，这令他很不开心。

这位女士的另一个女儿则遭遇了一个感情骗子。那个无耻的家伙不仅频频向她要钱，还精神虐待她。不久，女孩就失去了所有继承来的财产。也正因为如此，她反倒成了三个孩子中受损害最少的一个，堪称因祸得福。

当然这是一个极端的例子，通常情况下继承者不会如此轻率地对待继承到的财产。然而大多数的继承者也不见得比这三姐弟更幸福。遗产似乎天生具有一种压力，它多多少少会强迫继承者走上馈赠者曾经走过的路，而在某些情况下，这也是出于馈赠者的授意。

虽然很难解释，但很多时候，金钱和权力确实具有这样的功能：

一个年轻人所能继承到的最丰厚的遗产，
莫过于出身于贫贱之家。
（“钢铁大王”卡内基）

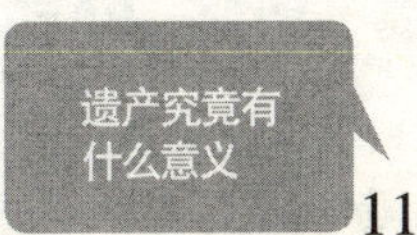

它们能够用来表达赞赏、好感、爱，也能提供安全感。在“馈赠和继承”这个领域里，金钱和权力的上述效应表现得尤为明显。一般而言，一份遗产对于所有参与者（包括被继承人、继承人、馈赠者和接受馈赠者、捐款人和接受捐款的机构）都是一种价值肯定。因此，从心理学的角度来说，人们在对待自己的遗产这件事上一定要格外小心。

当然了，我并不反对人们以馈赠财物的方式表达对某人的赏识和爱护。然而一旦馈赠人开始将馈赠的数量与受赠者的表现联系在一起，情况就变得有些危险了。你一定听说过这种事情吧，当一个 18 岁的年轻人面临选择大学专业方向的时候，某些富有的祖母会以一栋房产为交换条件，要求孙子接受她为他选择的专业。如果老太太能直截了当地告诉孙子，这就是一桩生意，他可以接受，也可以拒绝，那么这还算得上是门公平买卖。

可是能做出这种提议的祖母是无论如何也不会这样来描述这桩买卖的。她会充满感情地开口：“哦，亲爱的，你知道我有多么爱你，我对你会成为一个出类拔萃的商人这一点从来没有产生过怀疑。没有人比你更适合领导我们的公司了！你的祖父也最喜欢你，而且我们知道，你爱我们就像我们爱你一样，因此我们觉得，你应该选择经济学这门专业，这样我们所有人都会替你开心。等你毕业考试结束之后，我们就把那套带阁楼的房子送给你，你知道的，那套房子很宽敞，你还是个孩子的时候就特别喜欢待在里边玩儿……”

此时的祖母早已跨越了卖淫、买欢、勒索、敲诈等种种人类罪恶的底线，而且完全不必担心受到法律的惩罚。更糟糕的是，通常情况下，可怜的孙子完全无法招架老人家以爱为名发动的攻势，他没法认清这不过是一份以爱的名义制定的严苛的合同。他几乎是 100% 地会答应老太太的请求，从而开始经济系的学业。就算这门学科完全不适合他，但他难道能对祖母表现出来的爱说“不”吗？

不管怎样，这个得到馈赠也受到了限制的孙子还算是幸运的，在以后的日子里，他随时都能反悔，可以去找祖母讨价还价。而如果这份礼物是写在遗嘱当中的，比如说，“你必须接替我管理公司，才能成为唯一继承人”，那么情况将变得更为糟糕。当然活着的父母也可以更恶毒：“你们几个当中谁将继承我们的财产，这一点我们现在还不能确定，我们要根据你们的发展情况才能作最后定夺。”这简直已经可以算得上是极刑！这样的“鼓励”简直就是对孩子百分百的操纵！特别是这些子女往往在道德上不够坚贞（有这样的父母，这一点简直是可以肯定的），因为他们总是倾向于把孩子培养成一个全方位的依附者。

在上述所有的例子里，赏识都是和金钱交织在一起的，甚至完全被金钱取代了。父母的行为抹杀了孩子的名誉感，使他们无法认识到自己的价值，更别提发展出“自我价值”了。他们的价值感完全是由周围环境决定的，是由父母或祖辈依靠“给钱”的形式而诱发。然而这还不是最糟糕的，最可怕的是那种“来自坟墓的最后一个耳光”。有些年轻人接受了父辈或祖辈的明示或暗示，惟命是从地朝着长辈希望的方向努力了十几年甚至几十年，可是等到宣读遗嘱的时候，他们却猛然获知，自己并没有得到长辈允诺的财产。也就是说，长久以来他们都相信，无论是从物质层面，还是从感情层面，自己一直为长辈所爱，然而直到此刻才知道那不过是装模作样。死去的人猛然扯掉了自己和他人脸上的面具，这一举动满足了他的阴暗心理，而活着的人却会因为死者的冷酷而经历深深的失望。更有甚者，如果他们长久以来的财政规划一直是建立在接受遗产的基础上，那么现在他们可能不得不经受一场经济上的灾难。

不过即使长辈们是诚心实意地将财产留给后代，不需要后者付出

遗产会抹杀孩子的名誉感，
使他们无法认识到自己的价值，
更别提发展出“自我价值”了。

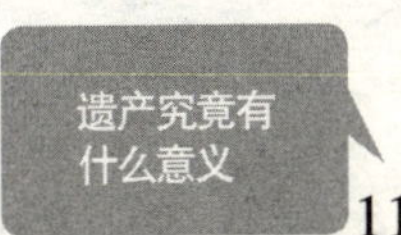

任何代价，馈赠遗产这个举动也会将他们的爱缩小到物质层面。事实上，通过馈赠和继承，长辈们试图向后代传达这样的意思："对我来说你如此重要，因此当我归去时，我愿意把我所有的一切——也就是我之所以成为我的一切，包括我自己和我所有的财产，都送给你。"这原本应该是一份从身前延续到身后的爱和赏识的宣言，可惜的是，在家产颇丰的家庭里，继承人常常会不由自主地在自己的价值和继承到的金钱之间画上等号。

此外，当长辈表达出将会让某个晚辈继承自己财产的意愿时，这个年轻人会很自然地产生感恩的心理，举动也会更为谨慎，而且肯定会从一定程度上顺应长辈的人生追求，修改自己的人生计划。这种做法无一例外地会损害到他的独立性，造成对长辈的依赖。

总的来说，**丰厚的遗产就是沉重负担的代名词。不过人们也可以借此机会学习在金钱方面担负起责任**。只有当遗产的数目极其庞大时，它才会真的成为摧毁继承者的元凶。

如果有人像希腊船王奥纳西斯的外孙女一样，才 18 岁就不得不继承 16 亿欧元的遗产，那么在寻找人生伴侣方面，她就要好好考虑考虑了。她怎样才能找到一个无视她拥有如许财富的男友呢？她爱好马术，现在她还能尽情享受兴趣带来的欢乐吗？她是否能像普通人那样，能为拥有一匹马或跟别人分享一匹马而乐在其中呢？这些富有的继承者的成功大多数都是用钱买来的，他们自己心里也清楚这一点，因此当他们取得一定的成绩时，心里感到的快乐绝对没有取得了同样成绩或是相似成绩的平常人那么多。不过雅典娜·奥纳西斯总算是给自己找到了一条出路，她嫁给了一位同样爱好马术的千万富翁。相对于其他人而言，这样一个身家背景的丈夫可以让她较为放心，至少对方应该不全是冲着她的财产来的。当然了，她拥有的巨额财产大大缩小了她的选择范围。

由此可见，至少从心理学的角度来讲，遗产会加剧我们生活的苦难，也会使我们的选择面变得狭小。它还会降低我们的幸福感，或者令我们充满罪恶感，会使我们心情郁结，无论做什么都无精打采。更坏的情况是，它会使下一辈丧失自我决定权，使年轻人变得依赖。不过从另一方面来说，遗产是对年轻人的一个挑战，它促使他们去学习掌握金钱游戏的规则，当然了，父母必须从小就教导孩子们为此做好准备。此外，因为大多数的馈赠者和继承人对相应的详细法律问题缺乏了解，因此我建议大家在处理这件事时像我一样，向专业人士寻求帮助。

家人之间不要谈钱，
金钱总会让家人的关系变复杂。
（巴菲特）

你将如何对待遗产问题

放松，静心，进入冥想状态。假设自己会遭遇不同的遗产继承情况，想象在面对各种情况时自己将如何反应，以下问题可能会帮助到你。

在涉及遗产这个问题时，我的现状是怎样的？

我在暗暗期待一份遗产吗？我还愿意等多久？

若是我继承了某人的财产，我会觉得我和他之间的联系变得很紧密吗？我会根据他的设想去运用这部分财产吗？

我会无条件地将自己的财产留给下一辈吗？

11

金钱的“摄入”与“消化”

金钱与粪便有何种渊源

Geldverhalten und Verdauung Geldverhalten und Verdauung Geldverhalten und Verdauu

为什么如果有人不小心踩到狗屎，我们就说他将获得意外之财？而做梦梦到粪便则预示着财富的降临？

我们对待金钱的态度是如何在幼儿的“肛门期”就被决定下来的？

性学专家博尔内曼定义了哪四种令人耸人听闻的金钱“排泄”性格？不同的如厕习惯又象征着何种不同的金钱态度？

人类很早以前就发现，**最金贵的和最肮脏的东西之间存在着紧密的联系，看上去风马牛不相及的金子和粪便其实大有渊源**。这一点也证明了对立法则的有效性。

许多年代久远的童话和神话中都提到了金钱和粪便的亲密关系，比如为我们所熟知的金驴子，它吃的是金塔勒（15—19世纪德国通用的货币。——译者注），拉的也是金塔勒；还有那神奇的金鹅，它不仅会下金蛋，拉出来的也都是杜卡特（一战前欧洲通用的货币，最初由威尼斯铸造。——译者注）。而作为黑暗世界之王的魔鬼，也会慷慨地用金子来买单，但在他走了之后，金闪闪的玩意儿眨眼间就变成了热腾腾的粪便。古巴比伦人把金子称为“地狱的粪便”，而阿茨特肯人则称它为“神的粪便”。美拉尼西亚人使用贝壳作为货币，他们说这是“大海的渣滓”，又叫它“海洋粪便”。类似的说法在我们的日常生活中也屡见不鲜。如果有人不小心踩到了狗屎，或者脑袋受到了鸟粪的青睐，那么我们会说他将获得意外之财。而从精神分析的层面来说，若是做梦梦到了粪便，也预示着财富将要降临。你看，一方面钱是如此肮脏，另一方面大众却对此极力否认，这种矛盾的心理正好说明了该主题的深刻与复杂。

以前的小偷在偷窃成功之后，会按照“行规”留下一个“某某到此一游”的记号——一堆大便作为对主人的补偿。俗语中也有类似的表达：痔疮被称为“金痔疮”，肛门被称为“金屁眼”，拉肚子叫做“下金雨”。银行家们也毫不示弱，他们很清楚自己的工作性质，如果有人一时手头紧，他们会说这家伙“便秘”了。与之相反，如果某人的现金流很通畅，那么这个人很快就会“一身铜臭”了。此外，金融界还区分“硬通货”和“软通货”，好像他们在讨论的不是钱，而是大便。

无论是中世纪炼金术，还是现代精神分析学，它们都对金钱的“肛门性格”进行了深入的研究。传统的观点认为，粪便是儿童自主生产出来的第一个产品，是他人生当中的第一份“财产”。根据该观点，早在幼儿的“肛门期”，每个人对待金钱的态度就已经被决定下来。这意味着，从根源上来说，所谓的金钱官能症以及与此紧密相关的消化道疾病是因为对幼儿进行的早期教育不成功，孩子没有学会处理好自己与干净整洁的关系。

从另一方面来说，由于粪便是幼儿的第一份财产，它会带给孩子权力感。当孩子发现，一旦他乖乖把大便解到马桶里，妈妈就会很满意，否则，妈妈就会很生气。这时候，他就会产生一种“我能够掌控别人情绪”的满足感。孩子就是这样通过自己的粪便认识自身的，他会逐渐发现自己对周围环境的影响力，而这份影响力来自他的“财产”。正因为如此，在精神分析学看来，“肛门期”是一个对自我意识的形成极其重要的阶段，同时，“财产”和作为其媒介的“金钱”也很早就在我们的生活中占了一席之地。在这一时期出现了发育障碍的儿童，日后容易罹患相应疾病，从生理方面来说，他们容易患肛门机能

钱像人粪尿，如果你把它撒开，它会使庄稼得到好处；
如果你把它堆积在一个地方，它会臭气熏天。
（小克林特·麦奇逊）

疾病；而从心理上来说，他们容易得强迫症，表现在对待金钱的态度上就是特别节约，乃至于吝啬。

弗洛伊德认为“肛门时期”的问题导致了“肛门性格”的产生。根据父母教育方式的不同，“肛门性格”有两种发展方向：一种是克制型，这种人无论是在对待整个物质世界还是对待金钱方面都显得特别吝啬，他们妒忌心强，对别人缺乏信任，疑心重，容易想东想西，他们倾向于把简单问题复杂化，总是假正经，并且习惯于压抑自己在性方面的渴望。从好的方面来说，这类人认真仔细、干净整洁、做事循规蹈矩、有头有尾，当然他们也有点僵硬、执拗，或者说是顽固。另一种性格（排泄型）则完全是上面这种性格的反面，这类人拥有所有与上面这类人相反的特质，他们散漫无序，花钱大手大脚，且毫无良知。

在“肛门期”之前出现的是“口唇期”，这一时期婴儿的性感区是唇舌，他们通过吞咽、吸吮和触咬获得快乐。正如谨慎节俭地对待已有财产的性格可以追溯到“肛门期”一样，怎样去获得财产这一行动背后的行为模式则在“口唇期”就产生了。因此，我们可以毫不夸张地说，拿取和给予这两个行为在人类生命初期就具有了中心意义。这一点不仅在涉及金钱这个主题时成立，也可以推广到生命中任何时期的任何事情上。

在我们的语言中也有很多形象的说法，用来表明获取并花费金钱和摄取并排出食物这两个举动的相似性。若是有人无意促成了一笔好生意，我们会说“天上掉下了馅饼”；某人抢走了别人的机会，我们会说“抢走了别人的香饽饽”。有时候我们会“捞到便宜”，有时候则会“吃亏”，有本事的人可以“通吃”，没本事的人只能“糊口”而已。

接下来是“消化”过程，这个生理阶段相当于金融领域里的“投资”。有些人真的把“吃”当成是一种真正的投资来看待，对他们而言，消化的过程就是“增值”的过程，在这一过程中，他们的身体得到了营养补给，变得强壮，因此他们的“财产”也相应增加了。在医学上这个过程被称为“基础代谢”，其赢利的多少我们可以从相关者肚子上的肥肉量来目测。

再往下是排泄阶段。我们经常碰到大便不畅的人，这些人任由粪便在肚子里淤积。在对待金钱的态度上，他们常常表现得节约、敛财乃至吝啬。这些深受便秘之苦的人往往具有同一个特质：他们无法忍受丢弃东西这个想法。他们会疯狂收集所有的一切，不管这些东西价值几何。对他们来说，肠子里的东西也是他们辛苦挣来的财产，他们是这些玩意儿的主人，因此他们很不乐意把这些粪便排出体外。从社会关系来看，便秘者算不上开朗，他们大多数是一些比较自闭的人，倾向于把井井有条的生活看得高过一切。他们生活富足，而且肯定有固定的住所、固定的收入和固定的如厕时间。

解大便或者排出消化残渣的过程，在经济层面上对应着生产出售货物以及花钱的过程。而在语言层面上则对应着我们说“废话”的时候。

金钱的“排泄”性格

深受精神分析学影响的性学专家博尔内曼依照每个人不同的大便习惯，将人们分为四大类型。

第一型人具有悲观情绪，生理上他们患有便秘，心理上他们觉得每解一次大便都损失了一堆宝贵的财富，做了一次“亏本生意”。这种人的问题就在于经济上太吝啬。

金钱好比粪肥，
只有撒在大地上才是有用之物。
（培根）

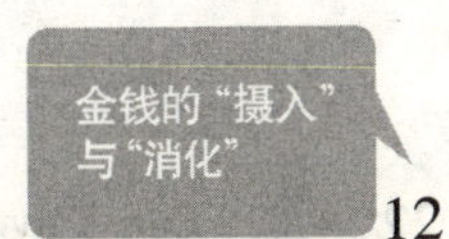

与第一型人相对应的第二型人则是一群很乐于上大号的人，在他们看来，清空肠子后一身轻松的感觉实在是太令人销魂了。这简直是挽救了他们的一天，给他们带来了莫大的利益。博尔内曼说："每一次清肠都是一次创造性的活动，一次'大生意'，一次'下金雨'，让他觉得今天'顺利地完成了任务'。"在这些积极乐观的人看来，财富是和创造性与生产能力紧密联系在一起的。第二型人的毛病就是大手大脚，浪费奢侈，表现在身体上则是常常腹泻和拉肚子。你看，在解大便和花钱这两件事情之间确实存在着正相关。那些很容易因为一时头脑发热而乱花钱的家伙，看到喜欢的东西往往会不假思索地出手，而且还总是高兴得像个孩子。即使只是每天早上例行公事的大便，对于他们来说也是个奇迹。这一乐观的特性同样也体现在金融领域。他们会像玩游戏一样去尝试各种各样的新式投资方式，就好比无论是抽水马桶、蹲坑还是茅厕，他们都乐于尝试，甚至连对"躲到树后露天解决"的方式也绝不会说"不"一样。

第三型人对待金钱的方式是不把钱当回事。"有钱人从不谈钱"是他们的格言。无论是在厕所还是在金融领域，他们都是做得多，说得少。花钱和清肠都是一种解放，但这种解放实在是太庸俗低级了，这两种行径都不过是人的基本需求，因此他们总是尽量避开这两个话题。对这类人来说，关于钱的最佳交易地点是股票交易所，最佳形式是对着电脑屏幕解决一切问题。这个想法和他们期望干净而优雅地解决排泄问题如出一辙。甚至有人会因此而改吃宇航员在太空吃的食物。因为"越简单越好"以及"没有进货就不必出货"是他们的信条。不管是在生理上，还是在经济上，这类人都不愿意弄脏自己的手。因此他们喜欢用抽象的、数字化的方式对待自己的财产。支票、信用卡、银行转账机和网上银行是他们的心头所好，而在无法避开的处理消化道渣滓这件事上，他们倾向于使用全自动智能座便器：一旦“生意”完毕，马桶就会立刻自动冲水，马桶盖上的塑料薄膜也会马上被更换掉。他们的梦想是：大便不要太干，也不要太稀，这样他们就不需要一张接一张的使用手纸，而是只要稍稍擦拭就可以擦干净。当然了，这种人也是智能座便器的追捧者，他们尤其青睐洗肛门外带烘干功能的那一款……

不仅给自己添麻烦，还会给全世界带来最大灾难的其实是第四型人。这些人花钱和解大便都要看心情，而且他们的心情起伏通常都很大。一方面他们追求安全感而不得实现，另一方面他们又随时担心会再次失去手头上好不容易挣到的一点家当。紧张与害怕决定了他们的支出政策以及排泄特点。这种人在婴儿时期就不乐意与温热的、裹着大便的纸尿裤分离。成年以后，一旦发生便秘又或遭遇资金流通不畅，他们就会不由自主地担心自己即将被抛弃，或是陷入穷困潦倒的境地。他们一定要在家里如厕，因为他们需要那种熟悉的、能够提供安全感的环境。在旅途中这件事将变得非常棘手。而在对待金钱方面，直接付费对他们来说是很痛苦的，只有依靠银行“垫付”他们才会考虑。一般来说，旅途中这种人都会表现得特别小气，当然他们的不安全感也可能以完全相反的形式表现出来，他们会突然被消费或浪费的欲望所控制，无法抑制地疯狂购物。

上面提到的这种类型还有另外一个分支，那就是“捐款家”。这些人必须不断通过悄悄捐款的方式来平复自己的罪恶感。对于他们来说，大便和金钱都是特别让人难堪的话题，必须层层包裹，绝对不能被触及。简言之，这是他们的禁忌。事实上，这种人常常因为背负着罪恶感而患有便秘。“总有一天会失掉挣来的东西”这一想法令他们感到沮丧，就像他们不愿接受“从上面进去的居然还要从下面出来”这个事

深受便秘之苦的人往往具有同一个特质：
他们无法忍受丢弃东西这个想法。
他们会疯狂收集所有的一切，不管这些东西价值几何。

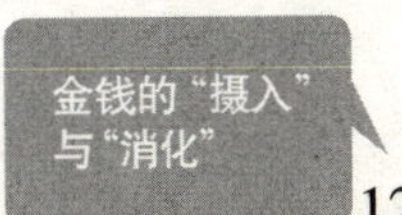

实一样。他们怀揣着恐惧，极力抗拒这一事实。其结果就是，有时候他们一掷千金，就好像他们常常为了解决宿便跑去灌肠一样，大多数时候他们又一分钱掰成八瓣花，这份吝啬决定了他们的生活态度，也导致了常规性便秘的发生。

漫画书里还讲到了另一型人，这些家伙最大的骄傲就是自己具有消化功能，最大的乐趣则在于获得、攫取或进食。他们像唐老鸭的舅舅史高治·麦克老鸭（唐老鸭的舅舅，是个十足的吝啬鬼和守财奴。在《福布斯》虚拟人物财富排行榜上占据首位。——译者注），一方面痴迷地聚敛财宝，另一方面固执地保留着肠子里的废物，似乎那真的是些金蛋，总有一天会孵出小鸡来。等到不得不上厕所解决的时候，他们也会竭力将损失降到最低——除了不得不被排出体外的，他们绝不多拉哪怕一小粒。这些人的格言是“我的就是我的”。对待金钱他们保持着一种老式的观念，最钟爱硬币的形式。“不热爱芬尼（德国在引入欧元之前使用的货币，1欧元等于100芬尼。——译者注）的人不配挣大钱”的座右铭将陪伴他们终身。当他们亲手检视自己的百宝箱时他们会喜悦非常，心花怒放，其兴奋程度就像麦克老鸭张嘴啃咬金币，再次确定其是十足真金时一样。

真金当然是硬的，他们的大便也一样。他们对待金钱有多小气，对待自己的粪便也就多吝啬。因此，这些人的大便往往是一颗颗石头般坚硬的“珍珠”，或者说是“珠宝”，它们被小心地排出体外。大便的地点也是很重要的！这些“珍宝”可不能被随便遗弃在什么地方。因此如果要求他们露天解决这场“大生意”，那么以麦克老鸭打头的这些家伙的括约肌肯定会拒绝配合。除非躲到灌木丛中，用鞋子接着这些玩意儿，他们才安心。

守财奴们对待这些“珍宝”就像对待自己的金条一样，他们会小心地把它们搜集起来，郑重地放到银行的保险箱里面去。这种怪癖也许可以追溯到远古时期，那时候巫术盛行，人们相信拥有了某人的粪便就拥有了控制他的力量。当然了，麦克老鸭这样的典型我们在现实生活中还暂时没有看到。

金钱的象征物成了儿童最感兴趣的东西，
与肠道物有关的乐趣变成了因金钱而获得的快感，我们已经看到，
这些钱币只是经过除臭处理、脱水并发光的一些粪便。

金钱与消化

深深呼出三大口气，静心，再次进入你已熟悉的放松状态。微笑，注意让笑意从眼睛扩散到胸口，再到腹部，让笑意充盈你的全身。此时向自己提出如下问题，切记听到问题后的第一反应才是最重要的。

我的饮食习惯对我的购物以及消费习惯有影响吗？具体表现在哪里？

我的“如厕仪式”是否说明了我的消费观？

我能做些什么来改变我的惯有行为模式呢？请记下脑海中最初浮现的几个念头。

你的“如厕仪式”反映了你的哪些金钱观？

利用下一次的如厕时间，好好观察一下自己的如厕习惯，看看你如厕时遵循怎样的流程，是否具有一定的仪式。注意不要遗漏任何细节：你会选择怎样的地点来解决这件“大生意”？你将解大便看成是一场损失，还是当做一场解放？你在正式大便之前是不是需要进行一些准备，你是不是需要一定的前奏才能展开该项活动？当你登上活动的最高点时——根据个人感受的不同这可能是损失感的最高点也可能是解放感的最高点，你的具体感受是怎样的？

另外，事后的感觉也值得剖析。你希望消灭一切此事发生过的痕迹吗？你是不是觉得排泄这件事极其不体面，不得不鼓起勇气把你“最珍贵”的东西冲刷得一干二净？你觉得手纸就够用了吗？还是说至少得用湿纸巾？你知道以湿纸巾之坚韧，它是不可能在下水道中溶解的吗？你会不会担心下水道会堵起来？你是否明白使用湿纸巾会造成城市排水系统的瘫痪？

当然了，洗手这个动作你也是不会忘记的，你一定会把手洗得干干净净，似乎“大便”这件事压根没发生。

好了，仔细想想，上面列出来的事情你会做多少呢？它们是基本上都会发生，还是基本上都不会发生呢？

现在，静下心来，进入冥想状态。有意识地回溯自己的“如厕仪式”，想想它泄露了你性格的哪些方面——你会坐在马桶上阅读吗？还是想尽快结束这件事？你对整件事情中的“气味”和“声音”有怎样的想法？你觉得大便很臭很恶心吗？对于金钱生意你又是怎么看的呢？

便秘者算不上开朗，他们大多数是一些比较自闭的人，倾向于把井井有条的生活看得高过一切。

（桑多尔·费伦齐）

12

你的星座反映了你的金钱观

金钱与十二星座

Die 12 menschlichen Archetypen Die 12 menschlichen Archetypen Die 12 menschliche

十二星座对金钱的态度分别是什么？你的星座如何制约着你的金钱观？

你是天生需要金钱安全感的金牛座，还是热爱金钱投机游戏的双子座？

你是追求小资色彩的天秤座，还是天生“节约大师”的摩羯座？

12

在上面一个章节里我们讨论了金钱和大便的关系。根据每个人不同的如厕习惯，能够较为轻易地判断出个体对待金钱的不同态度。但这并不是唯一的分类标准，对于金钱观的形成而言，十二星座的作用同样不可小觑。星座的原型来自神秘主义哲学，因其意义重大，它先后在炼金术、意大利杜洛克纸牌以及占星术中谋得了一席之地。同时，这也是我在进行心理疾病分析时的一个重要参考数据。延伸到金钱这个层面而言，不同的个体对待金钱的态度也受到星座很大的影响。现代人对自己的星座多多少少有些了解，我在这里列出了各个星座在对待物质财富方面的特征。你可以仔细对照一下，你的星座在多大程度上制约了你的金钱观？

受火星守护的白羊座：以金钱为猎物的猎手

白羊座是天生的猎人。对这一类型的人来说，赚钱就像是捕猎一样充满诱惑，他们乐在其中，在他们看来，赚钱带来的快乐甚至远远超过了拥有财富本身。白羊座善于运用金钱来谋取个人利益，推行个人意志。金钱让他们能够保持独立个性，并能自由设计个人生活。有了金钱的帮助，他们无需向别人低头。然而，过于信奉物质的力量会导致他们在某些时候变得自私、好斗。在保有自己独立个性的前提下，白羊座需要在处理人际关系方面多加努力。

小贴士：你要学会与人分享，不要侵犯别人的底线。认识到战斗力是万物之父，而爱是万物之母。

受金星守护的金牛座：天生的收藏家

金牛座的人们强烈需要安全感，对个人生活领域也极尽保护之能事。对他们来说，占有财产不但意味着自我价值得到了实现，也表明他们在生活中找到了自己的位置。金牛座善于积聚财富，并以此来为自己提供各方面的保障，以避免损失。他们总是将所有的财产紧紧抓在手里。一旦真正遭受亏损，他们立刻就会陷入深深的恐慌之中。金牛座的理想状态是：利用自己创造的财富去过充实的生活。

小贴士：放平心态，顺其自然。这世上没有绝对的安全，你必须认清并且接受这一点。

受水星守护的双子座：热爱金钱游戏的投机者

对于双子座的人来说，与金钱打交道就像是一场抽象的游戏。他们是天生的投机者，动辄就将数 10 亿资产扔进全球金融系统，自己却气定神闲地坐在家中运筹帷幄。现代社会中，金钱的意义及感性特征日趋弱化，对原本就对物质财富及其价值缺乏感性认识的双子座而言，金钱如今只剩下了数学特性。我们不妨短暂回顾一下金钱的历史：刚开始时，它表现为耀眼的金塔勒，接着出现的是纸币，再后来是带有密码的银行卡，现在它已经逐渐过渡成电脑上的一串串毫无灵魂的数字。电脑的发明宣告了虚拟时代的来临，而电子货币的出现，更是给投机者们打开了一个个方便之门，水星之神墨丘利赐予了双子座在这片领域里如鱼得水的天赋。有钱时他们会将财富分予他人，没钱时，他们也可通过个人魄力去获取。由于不能认识到财富的真正意义，双子座经常无法合理使用金钱。然而他们仍然具备某种特别的能力，能够认清物质财富并非生命的中心，并能以此指导自己的行动。

小贴士：请赋予外在的形式充实的内容，使抽象的游戏变得有意义。

受月亮守护的巨蟹座：需要呵护的人

一般而言，最需要呵护的是未成年儿童。在18岁以前，他们离不开家人的照料。旧时代的妇女也属于特别需要呵护的人群，她们因为没有工作而不得不在经济上依赖丈夫；当然她们会以“成功经营一个小型家庭企业”作为回报。而对于巨蟹座的人来说，即使他们不属于上面两个群体，也会无意识地寻求保护和照顾：赚钱是别人的事，巨蟹要做的只是从中分一杯羹罢了。他们时时生活在旖旎的幻想中，常常憧憬着极乐世界。通常情况下，父母是他们依赖的第一个对象，然后他们会仰赖于小学和中学的校长及班主任，接着他们会不客气地将自己托付给大学这个教育机构，终于到了大学毕业，他们再也无处可去，只能一头栽进祖国母亲的怀抱。同样，在对待钱的问题上，他们也从未将自己看作成年人，说得更直白一点：他们不曾有过独立赚钱生活的意图。正因为他们一直都在寻求别人给予的安全感，所以总是会恐慌于在物质上无法得到满足。巨蟹座的理想状态是：让自己成为能够照顾他人的人。能够为别人献上爱心将对你大有助益。可惜，现今日益发达的电脑文化正一步步地摧毁整个社会关系网，人们相互之间变得越来越陌生，也越来越冷漠，这非常不利于巨蟹座的发展。

小贴士：独立起来，学会照顾自己和他人。

受太阳守护的狮子座：创造者

对于狮子座而言，金钱意味着荣誉和声望。金钱体现了他们的创造力、天赋及个人能力。他们的力量、他们的强大和自信通通具体体现在金钱上。狮子座舍得在自己身上花钱，他们会尽量让自己过得富足乃至奢华。但在这一过程中，他们容易本末倒置，忘了发展自己才是根本目的，钱不过是加强自信的工具。有些狮子到最后会变得六亲不认，完全以钱为中心，甚至忽视了真正的生活。狮子座的人其实更适合生活在太阳王路易十四的年代，那样他就能骄傲地宣称："整个国家都是我的。"在那个所有封建领主都是小皇帝、人人都拥有自己宝藏的时代，狮子座在展示财宝时可以获得更大的心理满足。

小贴士：要成为资源的主人而非奴隶。切忌把自己看成是世界的中心，要记住：你只是世界的一部分，一个充满了创造力的部分。不要骄傲，也不要吝啬，宽宏大量和慷慨大方是你努力的方向。

受水星保护的处女座：小心谨慎的安全主义者

这是个处处小心谨慎的星座，在物质方面也一样。处女们很清楚，应该以理智去应付生活的艰辛。出于严谨和爱担忧的天性，他们总是未雨绸缪，并会在行动之前就做好最坏的打算。他们信奉“人无远虑，必有近忧”，所以总是非常节省。他们还善于淘到物美价廉的商品，总是知道在哪里能买到价格最优惠的东西。积累金钱对他们而言并非用以享受，而是为了应付紧急状况。在这个现代化社会，处女座生活得并不开心，现行货币系统存在着不少问题，他们对此充满了忧虑。

小贴士：多点信任，少些担忧，正如俗话所说：“鸟儿不播种，不收获，却照样在空中翱翔，放心吧，会有人照看它们的。”

受金星守护的天秤座：追求享受者

天秤座的人会为了那些美好的事物而努力赚钱，奢华的生活也让他们向往不已。无论是在衣食住行还是工作环境方面，他们都有着很高的追求。正是这种追求促使他们努力奋斗。即使有些事无法凭一己之力完成，他们也会借助朋友的帮助去实现愿望。天秤座坚决追求高端奢饰品，哪怕为之付出巨大代价。他们特有的可爱、讨人欢喜以及迷人的个性会带给自己很大的帮助。而对生活中一切美好事物发自内心的喜爱也让他们受益匪浅。他们极为爱慕希腊神话中的爱与美之女神阿芙罗狄蒂。然而天秤座的人不应只追求美好奢华的生活，更应发挥自己在艺术、创新及社交方面的潜能，他们可以因此赚取很多金钱。

小贴士：掌握主动，发挥潜能，独立赚钱。

受冥王星守护的天蝎座：金钱即权力的极端派

虽然该星座的图标很男性化，但天蝎座的人们却有着典型的女性化特征。对他们而言，金钱和财富首先意味着权力。拥有的财富越多，他们就会感觉自己拥有的权力越大，自信心也会随之膨胀。金钱有时会带给天蝎座一种错觉，认为个人生活以及权力范围都在自己的掌控之下。事实上，一旦他们滥用此权力，天蝎就会轻易失去一切。但他们会立刻爬起来，重新投入一切并努力经营，因此他们往往能如凤凰在浴火中重生。天蝎座颇受命运的青睐，他们经常能得到更多的机会，可以尝试着用不同方式去运用权势及财富。正是在财富、权势以及一无所有的轮回中，天蝎逐渐成熟，他们意识到傲慢中隐藏着巨大的危机，不会再认为自己无所不能。在当今这个以金钱为主宰、经济力量充当了决定生活成败的唯一因素的世界上，作为古代泰坦女神的后裔，天蝎座拥有较大的先机。

小贴士：拥有财富及权势也意味着应该承担更多责任及义务，应将财富投到一些好的事情上。

受木星守护的射手座：博彩者

他们是天生的博彩者。即使尚未赢得过任何奖项，射手也不会丧失乐观情绪及赢取大奖的信心，他们坚信，乐透大奖终有一天会落到他们头上。然而即使他们真的赢得了超级头奖，也会很快就将奖金挥霍一空。豪宅、豪华游艇、顶级配置的豪华汽车以及据说会带来高额利润的股票，还有他的许多“非常缺钱”的朋友们……射手座的人们总是非常的大方。毕竟，有什么好担心的呢，他们可以再去中乐透啊！射手的座右铭就是：“低投入，高回报。”这种态度可能会导致他们一无所获，连带着对生活的高标准也无以为继。话说回来，在如今这样一个经济增长代表着一切的社会里，射手算得上是抓了一手好牌。

小贴士：要注意适当公平的原则，切记找到投入与回报的平衡点。

受土星守护的摩羯座：节约大师

摩羯看起来是一个很男性化的星座，但摩羯座的人更多地还是表现出女性的特征，他们崇尚“节省”，并容易因此而变得吝啬，很多摩羯都过着很清贫的生活。他们不舍得在自己身上花钱，对待家人也非常抠门。他们能够将斯巴达人那样贫乏的生活过得津津有味，而稍微奢侈一点的东西就会让他们觉得很浪费，是“背离了生活的真义”。对待其他事物，他们的态度也和对待金钱一样。所以我们经常可以看到一些百万富翁仍然居住在破旧的老房子中。但反过来说，他们也永远不会为了金钱而头疼。在当今奢靡浪费盛行的社会里，这些人已经被边缘化了，最多只是当做警示的例子而已。

小贴士：要让金钱和财富流通起来。

受天王星守护的水瓶座：金钱即自由

对水瓶座来说，财富意味着独立与自由。凭借于此，他们可以实现自己奢侈甚至疯狂的想法。这对他们来说意义重大。脚踏实地并不是水瓶座的特长，他们的头脑中不断闪烁着一些“新奇而古怪的念头”。这份对自由的热爱激励着他们，时不时地，他们也能将某些想法付诸实施，并获得一些财富。但水瓶座很快就会把这些钱花得精光，因为他们需要不断地追寻新的刺激。周而复始，这种自由——挣钱——享乐的循环会不由自主地成为囚禁他们的牢笼，直到有一天他们扪心自问：“我这么做究竟是为了什么？”因特网为水瓶座的发展提供了广阔的天地，电脑以及网络的虚拟化特性完全符合这类人的天性，现代科技的发展给了他们全新的实现自己的机会。

小贴士：独立不是为了不用再做某些事，而是可以做自己喜爱的事。

受海王星守护的双鱼座：幻想家及慈善家

双鱼座的人们常常会欠银行好多贷款，当他们得知自己要为此而支付高额利息时，总是会睁大双眼，以一种不敢置信的惊奇眼光看着对方。并且他们从来不会吸取教训，因此这样的事情年年都会发生。大多数的双鱼座坚信经济的萧条和资本市场的疲软如同一场噩梦，总有一天会过去。某种意义上来说，他们的天真和好心在当今这个冷酷的世界上多少显得有些格格不入。当他们某一日终于清醒过来，发现自己早已负债累累的时候，会觉得自己特别无辜，因为他们的钱其实都花在了别人的身上，例如无偿借给了朋友们，或者捐献给了其他穷困的人们。在如今这个资本主义主宰了全球电脑信息化时代中，双鱼座的人会遭遇非常多的问题。幸运的是，他们足够天真，这一点既是致命伤，也是他们的救赎。依靠着天生对别人的信任感，双鱼不仅能够收获丰富的精神财富，也能在物质世界扎下根来。

小贴士：不要仅仅生活在幻想里，要同样去重视现实世界。

我始终知道我会富有，
对此我不曾有过一丝一刻的怀疑。
（巴菲特）

我的星座金钱观

在进入冥想状态之前，请先将你的星座信息放在手边。假设你还不知道自己是什么座的，或者对下面问题中的某些术语还不太了解，那么建议先到因特网上查找。在网上，你可以找到很多关于星座的免费信息。好了，在一切都准备好了以后，请按照我们已经熟悉的流程，放松，进入冥想状态。下列问题能够帮助你更好地思考：

我的太阳星座落在哪里？根据这一特性，我对待金钱的态度应该是怎样的？对金钱我能做到“放手”吗？

我的上升星座和月亮星座分别是什么？根据这两个特性，在对待金钱的问题上，我具有怎样的特点？

对照前文关于十二星座的描述，哪一个星座最符合自己？而我最希望成为的星座是哪一个？

根据上述判断，在现实生活中，我必须注意哪些方面？在哪些方面还有待加强？

13

今天，你“投机”了吗

投机与复利

Spekulationen und Zinseszins Spekulationen und Zinseszins Spekulationen und Zins

当今社会，投机和复利行为早已渗入到我们日常生活的方方面面。

做生意是投机，他希望通过投机增加投机收益率；买房是投机，他希望房子能一直很好地保存下去；有些人甚至认为婚姻也是投机，通过它获得保障和幸福……

如果正在流通的货币中大部分都被用于投机，平衡就被打破了。当前的经济形势正是如此。投机的冲动来源于人类的贪婪，仅此一点，就决定了它从根本上来说是个坏东西。当然事情都有好的一面，自从人类拥有了大脑，就学会了投机，因为我们已具有了预先计划的能力。所有人都多多少少地参与了这项活动。既然可以预先设想，我们当然希望能尽量多地为自己谋取利益，以改善自己的处境。做生意的人善于投机，他希望投机能带来好处，增加投机回报率。买房的人其实也在投机，他希望房子能一直很好地保存下去。对于某些人来说，就连结婚也是一种投机，婚姻双方希望“结婚”这件事巩固他们的幸福，能够给他们以保障，保证他们能够一直像决定举行婚礼时那样快乐。

越是聪明和善于计划的人，越无法抵挡投机的诱惑。一旦明白了商品的紧缺会导致其价格上涨的原理，你就有很强烈的冲动要去大量采购某样合适的商品，一方面是为了囤积居奇，另一方面，你的大量采购会促使价格进一步上涨。这样到了合适的时机，你就可以高价卖出存货，赚取大量利润。这套把戏已经在石油身上耍了很多年，最近人们开始把食品也牵扯进来。人为造成的食品紧缺导致了恶劣的后果，在世界上的许多贫困地区已有很多人为此而丧生。

只要我们动用大脑，就会不由自主地进行投机。如果很久以前购买的那块地涨价了，你会不开心吗？又或者，当初你因为可怜某个画家而购买了他的作品，现在得知这幅画居然成了无价之宝，你会不高兴吗？在做这些事的时候很可能你根本不存在投机的想法，但当事情的发展超出了你的预想，你为什么会有喜从天降的愉悦感呢？这就是投机心态在作怪。

曾经有一次，我们刚刚买了一栋房子，立刻就有人出两倍的价钱要从我们手上买走。当时我们花了很大的力气，才压制住内心的投机冲动，非常艰难地拒绝了对方的要求。投机会给所有人带来乐趣，而其结果也常带给人满足感，当然前提是，你没有充当投机失败者的角色。一旦感觉投机失败，很多人都会呼天抢地，大声谩骂。

投机是资本主义社会的必然组成部分，它的对象不仅是“金钱”，还包括“人”，这一点从“人力资源”这个词就可以看得很清楚。我们可以借助于下面五种不断升级的收入方式来说得更详细一些。

第 1 阶段：人们通过自己的劳动挣钱（如工人、职员等）

第 2 阶段：人们通过别人的劳动挣钱（如企业家）

第 3 阶段：人们通过自己的钱挣钱（如通过银行利息）

第 4 阶段：人们用别人的钱挣钱（如银行）

第 5 阶段：人们通过别人将来才会拿到的钱挣钱。

至于最后一种钱还能不能算是“挣来”的钱，对此不同的道德观和伦理观有不同的见解。

与投机紧紧相连的是利息及复利制度。和任何其他事物一样，它们也遵循着对立法则，这意味着，它们身上既有好的一面，也有不好的一面。钱在创始之初不过是作为交换的手段而出现的，然而随着时间的发展，它早已成为一种独立的存在。金钱的崇拜者遍布全世界，它是我们这个地球上最受热捧的商品，它的触角已经深入到了所有疆域。在金钱问世之初，宗教也曾经圈定了它的行动领域，**可时至今日，金钱的影响早就跨越了所有的界线，恣意蔓延到生活中的各个方面。**

似乎是早就预料到了这一点，各大宗教的创始者们在一开始就给金钱设立了一道栅栏。在宗教创立初期，金钱普遍得不到重视，而与灵魂相比，它的意义更是小得可怜。在那个时代，要求支付利息的行为会受到教会的严厉惩罚，穆斯林和基督徒都被严禁进行该类活动，正是因为这个原因，犹太人在此抢得了先机。

其实严格来说，犹太人也是不能放贷收取利息的，他们和我们一样，行动受到《旧约》的约束，他们该做的是遵照摩西十诫，尽力完善自己的灵魂，而不是围着金牛跳舞（语出《旧约》，讲的是摩西上山见上帝，回来看到人们围着金牛跳舞，上帝以之为人们对他的背叛，要求摩西对以色列人加以惩罚的故事。这里作者是指根据《旧约》犹太人也不该从事放贷要求利息的经济活动。——译者注）。事实上，“围着金牛跳舞”事件被认为是打破了以色列人和上帝的约定。上帝耶和华原本对他们寄予了更高的期望，他以为以色列人不会仅仅满足于崇拜财富和权力。可惜的是，上帝搞错了，金牛的力量比他更强大。更糟糕的是，在他的子民中，犹太人并不是唯一做如是想的人。

印度教和佛教的关系就像是我们的《旧约》和《新约》，这两个宗教强调中庸之道，特别注重平衡、恰当与协调。东方的宗教劝诫人们要多付出，少拿取。他们拿取的东西不应当超出自己能够付出的，更不应该超出自己的需要。这就从源头上阻断了财富的积累和投机行为的发生，至于利息就更无从谈起了。对于自己的弟子，佛陀更是建议他们完全放弃个人财产，同圣方济各对自己的追随者提出的要求一样。

然而宗教到底不能长期约束人类的欲望。随着时间的发展，金钱逐渐获得了自有动力，并赢得了全世界的关注和所有人的痴迷。它早已摆脱了交换手段这个服务性功能，现在，它不仅一跃成为了自己的主人，还将整个人类都变成了它忠心耿耿的奴仆。

人类天生有追求发展的倾向，这也是所有文化的内在要求，但对发展的追求必然导致货币的贬值。道理很简单，当所有人在所有可能的层面上都追求发展，要求获得更多的时候，势必会造成价格上涨和通货膨胀。此时，要想防止或是战胜货币贬值，人们必须引入利息的概念。只有这样，才能保住发展的势头和金钱的流通。因此，利息首要也是合法的任务是为了抵消通胀。要我借钱给你可以，你必须保证我的钱在此后依然保有它先前的价值，且能抵消通货膨胀的影响。

正是在这里，贪欲悄悄抬头了。现在，除了能够抵消通胀，借出金钱的人还希望能够得到一份额外的盈利，你可以认为这个要求是“光明正大的”，也可以说它是“昧着良心的”，对此每个人的看法不尽相同。在我看来，这里最重要的一点是，人们能够认识到，经济的增长和通货膨胀其实正是我们自己的需求和野心的产物。不仅在经济领域，在别的领域里我们也会遭遇通胀，那同样也是我们的需求和野心所导致的。

如果你由此就诅咒整个制度，把所有的错都归咎于它，那么你就误解了制度的本质，更重要的是忽略了自己在制度中所起到的作用。经济的增长和人类的需求都不是该诅咒的东西，当然我们要注意区分健康的增长和癌细胞的增长：虽说这两样都是自然的过程——两者都

金钱的诱惑和追求金钱的欲望
是经济发展的原动力。
（安德烈·科斯托拉尼）

在自然界出现了，但这里还是有好坏之分。

引申到社会领域来说，我们的游戏规则本身并没有什么不妥当的地方。顶多是游戏的设计不太合理，它错在不能帮助游戏者学到什么新东西；而另一方面，很多游戏者本身也存在问题，他们既不精通游戏，又不肯好好学习规则，他们不想办法改变自己的无知，反而整日互相指着鼻子破口大骂，只顾着对别人大加谴责。

我想这样简单的阐述能够帮助你认清利息制度和银行的本质，并帮你摆脱对各种号称能带来财富和资本投资项目的痴迷。投资项目从来没有给普通人带来过巨额利润，所有这一切不过是某个游戏的一部分，而这个游戏也是公认不难理解的。在弄清这一切以后，你随时都可以决定自己是不是要参与游戏，是不是要杀进去赢钱致富，或者你也可以选择与之保持距离，放弃其中的机会，甚至转而与之抗争，并争取建立一个全新的、更好的制度。在此我不得不提醒你，即使建立起一个新制度，制定了一系列新规则，参加游戏的仍然是普通人，他们无法摆脱固有的人性，他们贪婪依旧，依然会努力追逐利润，人类的需求和野心并不会因为游戏方式有所改变就离他们远去。

但不管怎样，利息的存在还是有其积极意义的。只不过时至今日，这一制度的负面效应开始日益突显出来，人们渐渐发现，作为一个平衡工具，利息本身具有无法克服的缺陷。事实上，已有无数例子证明，无论是怎样精心构造的利息制度，到最后都无法逃脱覆灭的结局。在这里我想用社会批评家玛格丽特·肯尼迪举的一个经典例子来说明这一点：假设某人在耶稣诞生的那一年以4%的利息存了一个芬尼，那么在此后的第一个100年间他并没有赚到什么，甚至在公元500年的时候他还是个穷光蛋，但到了1750年的时候他的财产连本带利已经能够铸成一个地球这么重的金球！如果他当初能够更精明一点，将利率订成 5%，那么他在 1400 年的时候就可以这么富有了，等到 1990 年，他甚至已可拥有 2 200 个地球这么重的金球了！当然，在清除了通胀率之后这笔财富会缩水很多，尽管如此这个例子还是很好地展示了利息制度的可怕。

这个制度之所以能一直沿用下来，正是因为它经历了一次又一次的崩溃和重建。而每一次的崩溃都以无数人失去财产作为代价。长期来看，利息以及复利的支付是无法实现的，这一点上面那个例子已经表现得很清楚了。人们早就知道，利息和复利制度会造成无数的人间苦难，那么我们为什么不试着寻找另外一种金钱政策，好避免那些苦难的发生呢？我们为什么不能让金钱回归原位，就像在刚刚发明货币时一样，仅仅让它承担“交换手段”这一功能呢？社会运动团体 Attac 对金钱、投机、利息和复利制度所造成的不幸进行了毫不留情的批评。其他关于全球化及其带来的弊端的话题请参看我的《这世界病得有多重》。

上面提到的是投机及利息制度对整个人类的影响，那么具体到个人，我们又该如何解决这个两难的处境呢？我们必须将自己的财产托付给现今当道的利息及复利制度，让它能钱生钱金产金吗？如果不这样做，我们是否还有其他更好的选择呢？

我们的世界几乎已被利息化了

我那位于约翰尼斯基兴的疗养中心之所以能够顺利运行 20 年，从经济这方面来说，完全得益于一份无息贷款。在我筹集该疗养中心的时候，很意外地遭遇了财政上的问题。我们被告知，计划中的一部分资金不能到位，而此前对方一直拍胸脯说绝对不会有问题。对当时的我们而言，这是一笔不菲的资产，突如其来的变化让我们手足无措，无奈之下只能求助于银行，并不得不一次又一次地与之进行洽谈，那真是一段令人难堪的经历。

幸运的是一位相识多年的老友辗转听说了这件事，她提出可以给我们一笔额度更高的贷款。我对她的经济情况颇为了解，知道她确实有足够多余的资金，于是欣然接受了她的提议，并对她雪中送炭的行为万分感激。不久，确切地说是两年以后，我的《疾病是灵魂的诉求》一书获得了很大的成功，因此我比想象中更快地筹到了资金，并准备立刻将欠款还给这位朋友。可是她告诉我，她并没有指望我还这笔钱，并且她也不想要回，希望我能够保留它，或者用它去继续投资一些有意义的项目。

这么多年以来，这笔钱一直在不同的人手上流转，有时它在我手上，有时又被借给别人，但它本身蕴含的意义一直没有发生改变。来来去去之间，它已经帮助好一些人摆脱了困境。现在它已经不再归我所有，但我仍然不时地听到关于这笔钱的消息。你看，在这里，金钱充当了善行的使者，它散发出一种爱与美的光波，将希望带给了许多人。其实每个人都具有这样的能力，创造自己的金钱势力范围，可以利用它给旁人送去欢乐，也可以在各个领域的不同层面里进行有益的项目开发。

如果当初没有得到这笔无息贷款，我们肯定会大大提高治疗的价格，以取得更多的收入，来支付银行贷款的高额利息。可是这样做的后果将是大部分人都无法支付这里的疗养费用，这意味着只有极少数人才能享受到我们的服务，只有他们才能够接受我们的治疗，而这就违背了我们的初衷。

因为通胀和利息的存在，增长自然而然地成为了一项不得不完成的任务。可是这样的要求对一个疗养中心来说实在有点勉为其难，因为这完全不符合它存在的意义，作为医务人员，我们也很难达到这个目标。同样地，对于市面上的许多公司来说，这也是一个相当棘手的问题，当某人将自己的财产投入公司建设的时候，他需要考虑的最重要的问题就是：我需不需要尽快把投入的资产挣回来呢？

如果我们可以使用另外一种交换手段代替金钱，并且假设这种交换物是不带利息的，那么肯定会涌现出很多类似的公益项目，这些项目既能帮助到许多人，也会给助人者带来满足感。从这个意义上说，一种不带利息的金融制度会大大促进社会的和谐和人们的融合，也会让所有人更具责任感。

但要实现这一切并不是那么简单的。对于很多人来说，单单是设想一下这种（无息）货币的存在都非常艰难。大多数人现在离这一境界还非常遥远。在现阶段，金钱的“神圣”地位还是不可撼动的。在我们这个依仗于利息和利息的利息搭建起来的经济世界里，人们已为现有的体制所俘虏，贪婪和执著使得他们不断要求金钱更多更快地增长。

与此相对应的，是人们对金钱这个话题的三缄其口。当今社会，金钱在很多方面仍然属于禁忌话题，正因为如此，很多问题才显得如此难以理解。几乎没有人会相信，在今天的德国，当人们平均支付一笔款项时，其中的40%都要用来支付利息。

现今的经济制度下，利息是无处不在的，我们不仅是在向银行借款或是要求抵押时才需要缴纳利息，实际上每当我们做成一笔生意，甚至每当我们购买一件商品时，都在不知不觉地交利息！这同时也意味着，我们工作时间中的40%都是用来创造财富以支付利息的。这也是在全球化日益加深的大背景下高速运转的资本主义世界里人们感到压力剧增的原因之一。正是这种压力促使企业家一边不断提高生产力，一边不断整合，拼命“合理化”自己的各项资源。这种“合理化”表

我们不仅是在向银行借款或是要求抵押时才需要缴纳利息，实际上每当我们做成一笔生意，甚至每当我们购买一件商品时，都在不知不觉地交利息！

现在对待员工方面，就是不断挑战他们的生理和心理极限，外加频频裁员。短期内员工确实可以承受较大压力，但若是要求他们长时间超负荷运转，他们很快就会因过度劳累而身心受创。

即使他们没有倒下，劳动者也会和老板一样体会到压力的不断加强。他们必须不断提高效率，必须在越来越短的时间内完成越来越多的工作，与此同时，他们拥有的私人时间也越来越少。一句话，无论是老板还是员工都感受到了发展导致的巨大压力，被迫降低了自己的生活品质。在这一切的后面你可以轻而易举地看到利息制度的身影，正是它的存在导致了人们压力重重。从这样的观察角度出发你会发现有些事情确实变得明朗了一些，而另一些事则和我们当初的想法有所出入。

就拿卫生业来说吧，长久以来这个领域一直经费奇缺，相关机构和人员想方设法在每个可能的环节节省开支。这一点现在我们每个人都知道了，我们不知道的是，从占国内生产总值的比重来说，这些年来医疗支出方面的增长远远小于利息的增长。当然我不是要借此为这个领域里发生的所有大大小小的错误开脱，但这至少说明为了解决医疗资金短缺而进行的各种讨论和争辩有多么可笑。你看，什么都可以有错，什么都可以讨论，只有金钱，或者说利息制度是无论如何都“不可说”的。

利息制度是一种具有自我加强能力的机制，它的影响以指数形式增长，正在把我们一步步逼入绝境。当然了，这一切总有一天会崩溃，就像现今的经济制度也总有一天会崩溃一样。这一点从以前每个经济制度都已崩溃这一事实上可以看得很清楚。我们可以用癌细胞的例子来把这一切说得更明确一些：从生物学的角度来说，癌细胞的生长是非常成功的，但我们不该忘记，它最后的结局是和它的宿主一起走向毁灭。我们的国民经济上一次全盘尽毁是在二战时期，现在二战已经过去了 60 年，我们已经越来越接近新的“崩盘点”了。

要想让所有人都认识到这一点是不太可能的，社会集体觉悟不可能在短时间内取得如此大的进步。但作为个体而言，我们完全可以看穿现实，从当下渐趋疯狂的金钱体系中脱身而出。在个人觉悟经历了飞跃的前提下，要想摆脱利息经济或债务经济便不再是难事。当然了，“中性的”或不计利息的金钱并不是万能药，但对于许多人来说，它至少可以减轻他们的生活负担，帮助他们重新关注生活中更为本质的事情，并且为他们赢取时间投入到真正重要的东西上去。

当下，大多数民众都将环境问题视为关注的焦点，在这方面大家的觉悟不约而同地有所提高。遗憾的是，对环境问题的关注削弱了人们对金钱的重视，金钱在集体思维里的地位还非常靠后。这种情况必须得到改善。对于个人来说，先进的金钱理念有助于人们更好地掌握自己的命运和生活；而对于集体来说，正确的金钱观也能重新引导社会朝着更有益的方向发展。

如果每个人能够端正自己对待金钱的态度，以正当的手法获取金钱，时时刻刻都能对自己、自己的钱以及自己的挣钱方式负责，那么妒忌与其他许多问题就会自然地消失。我们的价值观就会发生改变，心狠手辣的投机商会忏悔自己曾经的作为，也会对失败者赋予同情；狡诈的生意人会为自己装模作样设定行为规范接着又毫不在乎打破它的行径而感到惭愧。出于对生命的热爱而慷慨捐款者将得到大众的承认和赞扬，愿意花钱提升自己灵魂的人也将很自然地愿意为别人灵魂的发展出一份力、尽一份心。目前这种不断堕落的社会风貌将很快地改变方向，逐渐呈现螺旋形向上发展的态势。

可惜的是，我们并没有这样做，而是继续莽撞而毫无顾忌地踩踏

在股票投机中挣来的是痛苦之财，
首先得到的是痛苦，然后才挣到钱。
（安德烈·科斯托拉尼）

着一具具尸体继续前行。当我们罔顾第三世界国家弱势群体的反抗意识而继续行恶时，我们的心灵也处于水深火热之中。灵魂总是肉体恶行的头号受害者，这一点是很容易看清楚的。作为个人而言，只要你足够勇敢，就完全可以从罪恶滋生且错综复杂的现状中找到一条出路。

现有金钱体制下的自我定位

请思考：现有金钱体制下，我的位置在哪里？请记录下脑子里浮现出来的第一个答案。

我觉得投机这个想法很诱人吗？

我觉得自己位于五段式资本主义收入方式里的哪一个阶段？

我曾经利用复利进行过投机吗？比如，在储蓄到期时我是否只取出了本金，却将利息转存，以期继续升值？

我是想利用这种方式为自己的将来提供财政保障吗？

我是否担心现有的金钱体制不够稳固？

或者我非常信任现有体制，认为它绝对不会崩盘？

我愿意为了建立一种更好的体制而做出牺牲吗？

你是利息制度的受益者还是牺牲品？

再一次进入你所熟悉的静心和放松的境界，凝神冥想。自问：我属于利息制度的受益者还是牺牲品？这一事实对我的处世态度有什么影响？

在我看来，一个能够替代利息制度的金钱体制有可能存在吗？

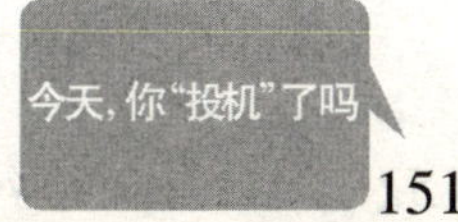

我希望有一个万能的方案来解决世界秩序问题吗？我希望它同时能带给我内心的安宁和外部的平静吗？我的这个愿望有多强烈呢？

我是否不希望改变内心的想法，宁愿坐等一个来自外部的解决方案？

我要怎样才能把内心世界和外部世界联系起来，并使它们和谐地工作呢？

14

你需要为金钱投入多少赌注

房产及股票

Immobilien-und Börsenspiele Immobilien-und Börsenspiele Immobilien-und Börsenspiel

在“房奴综合症”盛行的今天，银行究竟扮演着什么样的角色？

穷人、中产阶级、富人所参与的房产游戏分别是什么样子的？

为什么“庄家”轻而易举就能推动股指上扬，而散户们的钱每分每秒都可能蒸发不见？

在我们的国度里，有一种与房产有关的悲剧每天都在发生。它的发生率极高，以至于由此而产生的名词“房奴综合症”已经正式进驻医学领域。让我们来看看这种现象：

一对夫妇看中了一栋房子，却苦于囊中羞涩，不敢贸然下手。此时银行跳了出来，慷慨垫付，于是夫妻俩欢天喜地搬进了“自己的”房子。银行很有耐心，并不催债，但它也不是活雷锋，欠债总要还钱，银行给你几十年的时间，图的就是你在这几十年之间还的房贷。这笔钱往往是房子原价的好几倍。

如果这对夫妇将付清贷款作为此生最大的目标，那么当他们有朝一日达成目标之后，常常会猛然产生一种失落感，他们会感觉生活已失去了动力和方向，不知今后的日子将何以为继。这种空虚感很容易导致婚姻陷入危机。如果这对夫妻不幸离了婚，那么他们通常不得不将高价买来的房产低价抛售。另外一些人则根本走不到这么远，他们此前就已经因为付不出贷款而

> 陷入了经济危机。此时银行不得不收回房产，再将其提供给另外的顾客。如果银行足够幸运，那么它将找到另外一对愿意贷款购买这栋房屋的夫妇，于是一切又将从头开始……

看到这里，你会很容易就联想到剧作家布莱希特的一句名言：“跟开银行的比起来，抢银行的算得了什么啊！”当然，根据对立法则，银行也不全是坏东西。诺贝尔奖得主、孟加拉国经济学家尤努斯创立的“孟加拉乡村银行”就确实让不少急需帮助的人获得了必要的资金支持。

拼命责怪银行并不能够解决我们的问题，毕竟银行本身也只是游戏中的一个组成部分，并且是一个不难看穿的部分。上一段的观点完全是以失败者的观感为出发点的，他们感觉自己受到了欺骗。然而银行的存在是完全合法的，如果我们从另一个角度来看待上面的例子，会发现自欺欺人的其实是买房者自己。

和其他的商品一样，房产的价值也取决于供求关系。从中长期来看，房产的价值几乎总是在上升的，因为土地越来越稀少，因此价格肯定会越来越高。关于房产，最糟糕的情况不过是屋主申请破产，此时法庭（也就是我们伟大的祖国母亲）会出面强制拍卖。拍卖得来的钱财会先判给银行抵债，而剩下的则仍归屋主所有。这种卖房抵债的情况确实常常出现，但它几乎无一例外地发生在争吵的夫妻身上，对于这种夫妻吵架事件，银行其实不需要也不可能承担什么责任。

此外，这种类型的拍卖通常情况下都是在自由市场上进行的，比如通过某个房产经纪人，因此成交价格也都是正常的市场价格。假设我们的经济生活中没有银行机构的存在，那么我们虽然不必再担心这个游戏会带来不好的后果，但很多人就无法实现自己“拥有一个家”

跟开银行的比起来，
抢银行的算得了什么啊！
（布莱希特）

的梦想了。而对于收入颇丰的人群来说，投资于房产是唯一有意义的选择。那些买得起房子的中产阶级往往也不会一次性付清全部款项，他们中有的人也会选择将房产抵押给银行的做法，通过这种方式，他们就参与到了通货膨胀的游戏之中，且几乎总是游戏的胜利者。我想用一个例子可以解释得更形象一点：

> 假设我买了一栋价值100万欧元的房子，并将其抵押给银行，取得了75万欧元的商业贷款，同时将贷款期限定为30年。再假定年通胀率为2%——这代表着所有的东西都在涨价，包括居住成本、房产等。如果只算单利的话，30年以后我的房子将涨价到160万欧元，如果在此基础上再使用复利制度来计算，那么房屋的价格甚至会超过180万欧元。
>
> 即使这30年以来我只付给银行利息，一分本金都没有还，我在银行的债务也只剩当初的75万欧元，这意味着，我用25万欧元的本金投入获得了80万的收益！这就是为什么有那么多人依靠着房产变成了富豪，他们属于通货膨胀中的获利者。如果你在适当的时机买进了一项房产，那么你需要做的事只有一件，那就是：耐心等待！

而在那些更有钱的人看来，房产游戏又是另一个样子。据统计，德国的百万富翁当中有超过70%的人都是靠房产而发家致富的。这不难理解，随着时间的流逝，富人们拥有的房产不断升值，当他们出售这些产业时，必将获得许多收益。这些收益往往又被再次投入房产当中，如此循环往复，你很快就会成为富豪。事实上，只要在城里拥有几栋多户住宅公寓，你就能轻松跻身百万富翁的行列。拥有多处房产并用以出租是一种完全合法的投机行为。房租相当于是投资获得的利息，这也是房租之所以又被称作“租金”的原因。只要租金合乎市场价格，那么将房屋出租给别人就是一件合情又合理的事。毕竟，租房是一件你情我愿的事情，每个租房人都有完全的自由来决定自己要租用什么价格的房屋。

现在大部分的人都住在租来的房子里，租金支出占了他们收入的约1/3。

这一现状正表达了人们对同一件事情的不同态度。在有些人看来，房产是不动产，投资于房产就限制了资金的流动性，而资金流动性对他们而言正是最重要的，当然这个流动必须是增值性的流动。而在另一部分人看来，房产固然困住了部分资金，然而正因为如此，这笔资金才得以安全和稳定，没有人能把它从他们手里夺走。

股市的泡沫神话

在世界上的所有国家里，尤其是在德国，每一次股市的大幅震荡都会激起股民的愤怒，他们觉得自己受到了欺骗。对此我想说的是，股票操作的原则实际上并不是那么难以捉摸的。庄家们总是在低点以低价购入股票，然后开始耐心等候，待到合适的时机出现，股价上升到了某一点，他们觉得值了，就会将手中的股票脱手。而无知又恐慌的散户们却总是在股市大跌时犹豫太久，直到实在无计可施，快要血本无归时才匆忙卖掉手中的股票，这样的“策略”注定了他们天生属于损失较大的一群。而此时“大牛们”早已脱身，开始等待新一轮的抄底了。等到股市真正到底，“大牛们”又开始购买股票，股市的行情也因此而再次渐渐看涨。慢慢地，散户们也开始注意到这一趋势的变化，

股市往往像个酒鬼，
听到好消息哭，听到坏消息笑。
（安德烈·科斯托拉尼）

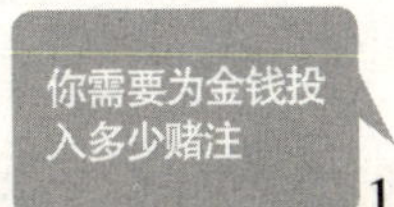

但此时他们已经变得更为谨慎保守，因此当他们正式出手时，总是已经错过了时机，买入的价格依然过于昂贵了。随着时间的发展和购买者的增多，股市的指数又开始一路向上。终于，庄家们又开始卖出股票赚取利润，于是股指又开始走低，新的一轮游戏又开始了。

在这个游戏中，还有一点特别不公平：庄家们不是本身已经富得流油，就是在利用别人的钱赚钱，因此他们能够气定神闲地处理股市事宜。而散户们却整日绷着神经，一有风吹草动就如惊弓之鸟，因为他们投入股市的往往是全部的个人储蓄，甚至有人试图利用养老金来挣钱。如此看来，不管是在哪个方面，散户手中的牌都更为差劲，甚至连他们的神经都不如“大牛们”那样坚韧。除此以外，我们也不该小觑庄家和大投机商们对股市的影响力。他们手握重金，能够轻易推动股指上扬，也能谈笑间让它一泻千里。面对这种影响力，那些不是用“闲钱”而是用“收入”或“储蓄”在赌博的寻常百姓当然会精神紧张，惶惶然不可终日。这也注定了他们的失败。拥有坐等危机消失的定力和能力，才能拥有先机。

你可以觉得这一切都非常不公平，可是不要忘了，每个人都应对自己的行为负责，在股市这个领域也不例外。被贪婪牵着鼻子走的人容易走上歪路，而他们手中也不会有什么好牌。同样的例子我们还可以在“急病乱投医”的人身上观察到。

在每个赌场的角落里，你都可以看到这种人的身影，在这里他们的失败无非是来得更快更猛烈。那些抱着破釜沉舟的决心投下最后1万欧元，并期待一举翻本以解救公司或家庭，或同时解救这两样的家伙，肯定会输得精光。同样是1万欧元的筹码，如果下注的是贡特尔·萨克斯（德国企业家、摄影师。欧宝汽车创始人的玄孙，曾与法国女星碧姬·芭铎联姻。——译者注），那么他一定会非常镇定，也许还有点儿漫不经心，这笔钱对他来说不过是一个零头。越是这样，越是容易赢钱，贡特尔·萨克斯投下的1万欧元说不定能为他赢得无数财产，足够让两三个银行家头冒冷汗。还记得这是什么规则在起作用吗？没错，就是它——共振法则。

如果我明明是个业余运动员，却偏偏要到操场上去和专业运动员一较高低，那么我事先肯定要做好失败的心理准备，尤其是如果我的心理素质还不够好，一上场就免不了紧张和恐慌，就更没有胜算了。事后再去控诉，不管你是嘴上嘀咕还是正儿八经地打官司，都没有什么意义，反而会把自己缺乏责任感这一点搞得沸沸扬扬、人尽皆知。

要是某个碌碌无名的滑雪爱好者非要和奥地利滑雪名将赫尔曼·迈尔到基茨比厄尔山（奥地利最古老、最富魅力也是最危险的滑雪胜地之一。——译者注）道上去一较高下，那么事后他也不能抱怨说他之所以惨败，是因为碰上了一个职业选手。这一点在股市里也同样适用。如果你不擅长做某事，那你要么去学，要么干脆放弃它。那首老歌怎么唱来着：要是我想一起玩，首先要学规则，此外还要交学费。也就是说，你得先找个专业人士来指导你，而且你还要明白，这些所谓的专业人士也是经过一番磨练才有今天的成就。不停抱怨或嘀咕不能解决任何问题，它绝对不可能帮助你学会股市规则。

在下定决心杀入股市之前，你还必须明白另一点：股市是常年无休的。也就是说，从此以后，你再也无法获得任何休假，而是不得不时时刻刻把钱装在心上。**如果你一想到自己的钱前途未卜，就会担心得睡不好觉，那么我建议你为你的钱另找个出路，因为在股市里，你的钱每分每秒都有可能蒸发不见。**

你是在市场中与许多蠢人打交道。
这就像一个巨大的赌场，除你之外每一个人都在狂吞豪饮。
（巴菲特）

在房产游戏中，我站在哪一边？

摒弃杂念，静心，踏上灵魂之旅，寻找内心深处的平静。用心灵之眼观察你的房产情况，向自己提出如下问题：

在房产游戏中，我站在哪一边？我是房客、房东还是有房一族？

我对此的感觉如何？

对我而言，拥有一张写着自己名字的土地证有多重要？

我的社会形象对我而言有多重要？它要求我用怎样的居住条件来表达？

我愿意为了达到这个目标做出怎样的牺牲？

我如何看待赌钱

静心，进入深层放松状态，自问：

我有好赌的倾向吗？我能看到内心深处那个好赌的“我”吗？

我妒忌那些轻轻松松就能“赢得”钱财的人？

我是那种头脑一发热就会失去理智混赌一番，事后又会不停抱怨的人吗？

我是否为了钱离自己的原则越来越远？我走得很远了吗？

15

为多余的钱找一个好去处

充分利用你的金钱

Auswege für überflüssiges Geld Auswege für überflüssiges Geld Auswege für überflüss

除了买房与炒股，我们多余的钱还有没有更“理想”、更“合算”的去处？

为什么这份行动能为我们的心灵带来无限的欢乐与满足？

你是否想过将多余的钱投到自己身上？慈善捐款怎么样？

要想为多余的钱找一个好去处并不困难，据我所知，有许多种方式可以满足人们的这一需求，而且每一种都有益于心灵的发展。在这里我给大家举几个例子，仅供参考。

比如，我们可以通过各种儿童救助组织领养贫困地区的儿童。你要做的只是每个月汇给他们一定的生活费，这种汇款方式透明，中间没有猫腻。有了这笔钱，孩子们就能得到一个光明的未来。我的第一任妻子多年以来一直这样做，她从这一行动中收获了不少欢乐。我认为，从总体和长远的角度来看，这类项目能够给救助双方带来最大的利益。

奥地利著名的电台及电视节目主持人克劳迪娅·施特克尔就在印度的加尔各答组织了这样的一个项目。以“教父”或“教母”的名义向大洋彼岸的孩子们提供关爱和帮助，这种献爱心的方式是利己主义者最容易接受的。确实，对于生活在德国的很多人来说，他们几乎感觉不到自己每个月的开支里少了30欧元，而在加尔各答这个有可能是印度最贫困的城市里，一个孩子会明显感觉到其中的差异。有了这笔钱，这个孩子的生活会完全变样：他会过上安全、健康的生活，也有机会接受教育，学习赖以维生的技能。

从上面的例子中可以看出，用“多余的钱”来资助贫困小朋友的方案是最理想也是最“合算”的。孩子是世界的未来，如果孩子得到了支持，世界的未来一定会变得更加美好，因此我们可以说，将多余的钱投入该类项目，这些钱的“质量”也将大大提高。而且，通过领养项目你也拥有了更多的孩子，“自己的”孩子取得的成就越多，收养人获得的心灵满足感也就越大。想想看，如果全世界的孩子都成了你的孩子，你的生活会有多么幸福？那样你就是当之无愧的“光荣妈妈”或“光荣爸爸”了！

你也可以把多余的钱都投到自己身上。我的培训班上曾有过这样一个学员，她收入不高，却很舍得花钱，对待自己和周围的人都极其大方。当我询问她是如何做到这一点的时候，她的回答让所有人都大吃一惊，她居然说这一切都是由她的继承人出资的。我们感到既震惊又迷惑，不明白她到底是什么意思，在她详细解释之后我们才恍然大悟，原来她不打算留遗产给后代，而是把自己挣的钱都用在了当下。你看，有时候最简单的方案就是最好的解决方案，可能正是因为它如此简单便捷，所以我们反而不容易想到它。

与上面的两种方式相比，慈善捐款则麻烦得多，对心灵的抚慰作用也要小一些。有时候捐款的程序非常繁琐，而且捐款人（运气好的话他连一分钱的税都不用交）对善款的用途依旧拥有非常大的影响力。当然了，也有一些慈善捐款确是出于真心，捐款人能够真正做到放弃自己的那部分财产，他们将其托付给值得信赖的机构组织，并且不对这部分善款的用途做出任何规定，而是任由它去发挥自己的使命。

我曾在美国的一所大学里进行过一段时间的学习，那里的许多建

金钱不是万能的，
但累积一笔钱就能发挥作用。
（萧伯纳）

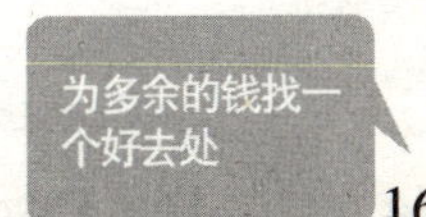

筑和大型设施都是由别人捐赠的，而且大多数捐赠人都是曾经在本校学习的校友。这显然是一个对所有参与者都大有裨益的解决方案。曾经的校友如今已经成了著名的企业家或政治家，为了感谢学校为他们所提供的高质量教育，他们投资于学校建设，受益者除了学校，还有今日的莘莘学子。同时，校方会将捐款者的名字镌刻在建筑物上，或是直接将其命名为“XX 楼”。在建筑完工之时，学校还会举办专门的落成典礼，以答谢校友的盛情，这样捐款人的心理也得到了很大的满足。而对于在读的大学生来说，几乎没有人会去注意到底是谁建了哪栋楼，因此可以说，这些捐款对我们毫无影响力，我们完全不受它的支配。

值得庆幸的是，除了上述的几种形式之外，现在可供选择的慈善项目已经越来越多，我们可以捐款给可持续发展能源基金会，也可以投资于各种教育机构，还可以支持自然环境保护组织。只要你具有捐款的意愿，就一定能够找到与自己的信念相匹配的项目。当然了，以上建议都来自我个人的经验，在此我只是试图为大家提供一个大致的框架。通过亲身经历我发现，选择一个好的慈善方式是非常重要的。

你准备好“分享”了吗

放松，深呼吸三次，将微笑的感觉传递到胸口。当你因为内心愉悦而发出真正的微笑，并且为“分享”这个主题做好了准备的时候，你可能会觉得自己的心胸变得更为宽广了，至少你变得更为清醒了。仅此一项，就足以让你愿意更久地享受这种宁静平和的感觉。

以不影响现有的幸福感为前提，在生活中，有什么是你可以放弃的吗？在保持现有生活水平的条件下，你能否更为节约一些？你大约能节省下多少钱呢？

为什么你更愿意投资于给你带来经济利益的生意，而不是投资于自己心灵的发展？为什么明知那些生意赚来的钱并不干净，很可能会引起良心不安的后果，却偏偏还要拼命追求财产的增值？究竟是什么阻碍了你致力于内心的发展？

也许在真正理解金钱游戏规则的深层含义之前，你已经依靠直觉明白了“赠人玫瑰，手有余香”的道理，那么究竟是什么阻止了你去身体力行这个道理呢？为什么你不愿意让自己的心灵变得更丰富，灵魂变得更高尚？

不要占有太多的金钱，
将钱带入坟墓是一种浪费。
（巴菲特）

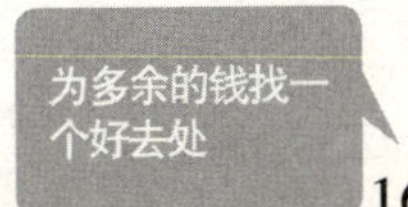

16

迈向富足新生活的 34 条建议

黄金贴士

Tipps zum Umgang mit Geld und Leben Tipps zum Umgang mit Geld und Leben Tipps zu

富足生活是一种选择。达尔克博士的黄金贴士将告诉你如何获得它。

你做事拖拉吗？在“不幸福”和“不安全”之间，你是否会选择前者？

你喜欢跟随他人的脚步追寻成功吗？想要突破自己，取得成功，你需要做什么？

如何集中精力去做最有效的事情……

这里列出的大部分建议都是我的个人体会，也有一些来自蒂莫西·费里斯的著作《每周工作四小时》。这些建议不仅能帮助你更轻松、更惬意地挣到更多的钱，还能在生活中的许多其他方面助你一臂之力。

贴士 1：虽说我们的文化一直以来都倾向于表扬老黄牛，忽视创造力，但我们自己不必一直以此要求自己。我们完全没有必要时时刻刻都兢兢业业，而是可以选择不定时地引爆小宇宙，创造好成绩。请随时注意共振法则。你的任务是找到蘑菇，而不是寻觅蘑菇！

贴士 2：最受欢迎的借口莫过于：这个活儿我明天一定干，如果明天不干，那么总有一天……请你记住这条永恒的真理："今天能做的事绝不推到明天！"

贴士 3：如果仅有"不幸福"和"不安全"这两个选项，大多数的人都宁愿选择"不幸福"。试着做出另外的选择，因为"不安全"往往意味着有新机会。

贴士 4：所有人都在做的事不一定是好事，更不意味着一定会带来成功。试着走你自己的路。

贴士 5：也许你有无数的忧虑和担忧，但是别忘了，绝大多数的坏情况根本就不会出现，这一点马克·吐温在他的时代就已经知道了。

贴士 6：所谓的“常规情况”就是常常会发生的情况，而“不测情况”就是很少会出现的情况。你没有必要为了所有可能发生的情况做好准备。掌握一门语言的 95% 需要花大概一年的时间，而学好接下来的 3% 大约需要 10 年，问题是，值得吗？

贴士 7：这条规则在大多数时候都适用：如果你想要发展自己，取得成功，那么请立即着手去做最让你害怕以及最让你讨厌的事情。想要避免让人害怕的局面，躲过让人措手不及的事件，你一定得勤快一点，这是最有效的处理办法。

贴士 8：你愿意做别人不乐意做的事吗？你是否愿意与别人谈论它？经验告诉我们，勇于挑战困难的人取得成功的几率比较大。试着每天都做一件有挑战的事情，不久你就会发现，原来人人惧怕的事做起来也没有想象中那么难，而此时成功也在不远处向你招手了。

贴士 9：你完全可以设立一个雄心壮志的大目标，注意不要把对手想得太强大，更不要把自己想得太渺小。宏大的目标有助于调动你所有的力量，身体里的各种神经传递素如肾上腺素、血清素以及多巴胺等也会活跃起来，它们会齐心协力帮助你渡过难关。与之相反，小目标只会引起能量和激素水平的微量变化，因此不可能给我们带来大成功。此外，越是卓越的目标和高瞻远瞩的项目，竞争者也就越少。

贴士 10：询问自己，做什么事情能够让你感觉很激动，很刺激。记住，这是你该干的事。人们在做自己喜欢的事情时就像开动的马达，而面对不喜欢的事情时所有人都会缺乏激情，力不从心。因为兴趣会点燃你血液中的火焰。从医学角度来说，当你觉得很刺激时，肌体会释放出大量的神经传递素，这些激素会引发潜藏在你体内的巨大能量。

觉得自己可以做什么就去做吧。
果敢大胆是天才，力量和魔力的同义词，
不要犹豫，现在就开始！（歌德）

贴士 11：根据帕累托定律（又名 80/20 法则），你所有行动中的 20% 决定了你 80% 的成功。请你找出这 20%，并尽量最小化其他 80% 的行动。很多情况下，缺少时间、无法成功的真正原因是没有弄清楚事情的轻重缓急。

请你审视自己的现状，并自问：我是否会为了逃避某些重要的任务而没事找事地搞出一堆可有可无的事情来做？如果答案是“是”，那说明你已经给自己设定了一套“失败程序”，你处处在和自己的成功作对！请尽快改正这一坏习惯！

贴士 12：请将你的时间和精力投入到最重要的领域里去（依据仍然是帕累托定律），这样你才可以将时间节省下来。给你的工作时间设定一个上限，这样你才会专注于工作中最重要的部分。

贴士 13：请节制饮食，不要吃得太多，更要避免错误的饮食习惯。不要试图了解过多的信息，也不要选择错误的方式。如果你每天都读报，那么从现在开始请你改订周报，而且只阅读其中自己感兴趣的部分。如果你现在已经这么做了，那么下一步你可以通过阅读网上新闻的方式进一步节约时间：先找一家较为权威的新闻网站，然后快速地浏览重要新闻。随着时间的推移，你更可以将关注焦点集中到最前面的大标题上。

贴士 14：不要给人机会拉住你蜚短流长，大谈八卦，否则你迟早也会变成这样一个人。

贴士 15：不要试图同时做多件事。科学研究证明，若需处理同样多的一堆事务，那么集中精力各个击破的方式明显优于七手八脚同时处理所有事务。

贴士 16：一旦发现某物不合你的口味，请立刻放弃。这里的某物可以是不合口味的食物或新闻节目、不好看的电影或书籍、无聊的讲座以及各种其他可能……

贴士 17：当你发现有些事自己怎么也做不好时，请放弃你的骄傲，立刻停止！骄傲是要付出代价的，它既耗时又耗力，而且还吃力不讨好。

贴士 18：只有什么事也不做的人才会从不犯错，犯错并不是什么坏事，但要记住同样的错只能犯一次。

贴士 19：不要让手机、电邮及信件不断打扰你。请给自己留一部分完全不受打扰的时间。千万不要在你效率最高的时候（比如早晨）处理 Email 这种不重要的事务。

贴士 20：必要时请关闭手机，改用 Email 进行联络。在使用 Email 时，巧用删除功能，将所有广告、群发邮件及其他没营养的东西全部扔进垃圾箱；在回复时也请尽量言简意赅，这样你可以节省下不少时间。这段时间可以用来写写情书，或者做点别的你真正想做的事情。

贴士 21：请保持身心灵健康。要吃得好、吃得少。早晨起来要多喝水，再空腹吃一勺阿米纳斯健康食品，它能帮助你的血清素在一天之中维持在一个较为理想的水平，使你感觉舒适。

贴士 22：晚饭后请勿再进食。下一次进食应在 12 小时以后，这样肠胃才能得到充分的休息，身体才能在夜间产生足够多的生长激素。如果坚持这样做，你将感觉创造力得到了提高，想象力也变得更为丰富。

贴士 23：要勇敢，别在意别人究竟怎么想。

贴士 24：也许你做很多事都比世界上其他人要强得多，不管这是真的还是假的，在你把所有的事情都揽下来之前，请你考虑一下，这样做是否值得。

贴士 25：权力下放的最高境界是：逐步放权，把所有部下能做的事都交给他们去完成。而你自己则只需负责处理别人不能处理的事务。

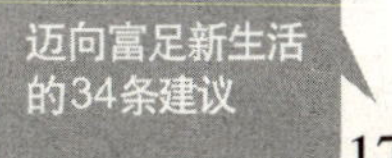

当然你必须随时注意考察，看部下到底能够完成什么任务。一段时间之后，你会惊讶地发现，你的手下还是很有能力的，几乎能完成所有交给他们的任务。而当你自己全神贯注于核心事务时，收到的回报也将是巨大的。

贴士 26：当然，在实施权力下放之前，首先要学会剔除那些效果不大或者根本不会带来利益的工作任务。

贴士 27：自然主义哲学家亨利·大卫·梭罗曾经说过，一个人能够放下的事情越多，他就越富有。你也可以放下许多事情，当你这样做的时候，你不仅展示了自己有多富有，还会因此而变得更成功、更富有。

贴士 28：要在正确的时间问正确的问题。一个方济各派教徒和一个耶稣会教徒一起坐火车。耶稣会教徒一边抽着烟，一边拿出一本祈祷书看了起来。方济各教徒颇为妒忌地指正对方说这是犯戒的。“恰恰相反，”耶稣会教徒说，“这可是天父特许了的。”方济各教徒大为吃惊，回去之后他特意写信到梵蒂冈询问，教廷证实了方济各教徒的说法：看祈祷书时确实不许抽烟。“你为什么要骗我？”当他再一次碰见耶稣会教徒时，较真的方济各教徒不由气愤地质问起对方来。“哦，对不起，”后者说，“我忘了你是方济各派的。你肯定是问他们能不能在看祈祷书时抽烟吧？”“当然了！”方济各教徒回答。“那是你问得不对，你该问他们能不能在抽烟时看祈祷书。”

贴士 29：更好的办法是先斩后奏，直接按照自己的想法去做事，反正你随时可以道歉的……

贴士 30：不要事事都等别人批准了再去做。很多人会阻止你开始一件事，但当事情已在进行中时，很少会有人再敢对你说“不”。

贴士 31：请遵循适度原则。根据对立法则，任何东西都不能过量，即使那是你很喜欢的东西也不行。请避免过多过频地享用爱吃的食物，也不要在感兴趣的事情上花费过多的时间，那样你很快就会厌倦它们。延伸到财富层面来看，适度原则意味着避免过多的金钱。

贴士 32：如果你用较少的时间投入和充沛的热情赢得的和别人费了九牛二虎之力挣得的一样多的话，那么恭喜你，你选对路了！

贴士 33：你必须搞清楚，“责任感”与“负罪感”并不是同义词，只是在语言使用中容易混淆而已。请你抓住一切机会担负起责任。要记住，要想取得辉煌的成功，90% 都必须靠自己。

贴士 34：俗话说“条条大路通罗马”。确实，做事的方式多种多样，但规则却只有那么几条。请你一定要牢记最基本的规则，并以此为基础找到正确的方法。只有这样，你才能迅速准确地解决问题，轻松挣到大钱。我再次提醒你注意，你的财富必须和性格相配，过多或是过少的财富都是不合适的。

“活到老，学到老”。谨记这条古训，你不仅会取得更大的成功，关键是你的生活质量也会大大提高。

致谢

在此我衷心感谢我的朋友库特·艾歇尔、巴尔塔扎·旺茨、约阿希姆·沙费尔、祖霍梅尔以及汉斯·弗莱德尔，他们的激励和帮助促使我开始了本书的创作。

我也要特别感谢我的第一任妻子玛吉特，她不仅详细耐心地为本书提供了各类心理学依据，在其他方面也对我助益良多。

我还要对约翰尼斯基兴疗养中心的克里斯塔·玛勒利、格拉尔德·米泽拉表达谢意，他们对全文进行了认真的校对。

在有关房产和遗产的问题上我分别得到了专业人士舒尔策·厄希特丁先生和慕尼黑律师托马斯·弗里茨博士的帮助，在此我也要对他们表达衷心的谢意。

同时我还要感谢阿兰卡·克鲁泽女士、多萝特娅·诺伊迈尔女士以及克劳迪乌斯·诺伊迈尔先生，感谢他们对本书进行了审校并提出宝贵意见。

此外我也要感谢扎比内·耶尼克女士，正是她帮助我完成了文章的构建并协助我最终完稿。

最后，我要特别感谢我的伴侣里塔，没有她为我创造的幽静环境，我不可能顺利完成本书的创作。

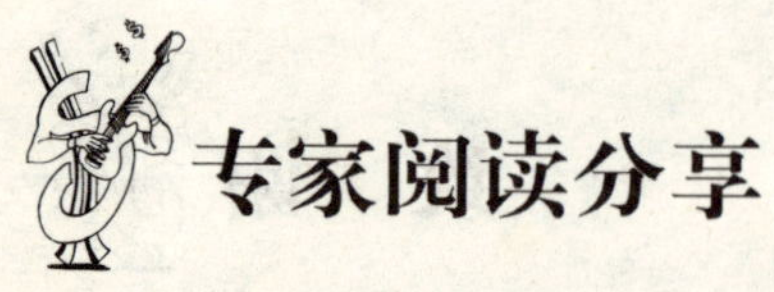

专家阅读分享

毛丹平博士
中国个人理财专家
深圳君融财富管理研究院院长
国际财富管理协会 IWMA 专家

阅读的意义不在寻找答案，而在寻求共鸣

我希望所有人都能抽空读一读《富足，从心开始》，我亲爱的朋友们，我的学生，还有忙碌着生活在世界上各个角落的其他人。初读本书，我并不认为你需要像“本书使用指南”那样，带着虔诚的信仰或者将其当成一次心灵的体验（也许第二次你可以这样做），你完全可以带着批判的意识或“看他怎么说”的心态开始本书的旅程。

这是一本谈论对“钱”的心理反应的书。虽然从小到大，我们每个人早已对“钱”有了各种各样条件反射似的心理体验，但我认为，阅读的最大意义在于寻求共鸣，作者在书中所分享的独特观点值得我们反思，而他对金钱的态度以及对富足生活提出的建议都值得我们学习。

本书作者达尔克是一个有着医学、心理学和神学教育背景的德国人，是懂得“脉轮理论”、“羯磨理论”和“冥想”的心灵导师，所以能从人类非常微观的体验来挖掘金钱和幸福感的关系。在我们这个世界寻求智慧的人，往往需要分别学习金融知识、哲学和灵修课程，但达尔克却试图结合这三个方面加以分析，最后得出结论。他的观点不仅能给人耳目一新的感觉，也能让我们对金钱的态度更从容，追求财富的心灵更平静。

在第2章“你对金钱的信仰正确吗”，达尔克就告诉你上大学并不是通往金钱的捷径，因为“你已经失去了非常多的时间”。其实他真正想要告诉你的是：要敢于热爱金钱，但要知道，内心的财富远比外界的财富更为重要。在随后的第3章，他又分析了为什么“一切都是围绕着金钱而进行”，并进而提出“我们必须确保自己已经看穿金钱的本质，确信可以支配它而不是为它所支配”的强烈建议。在接下来的第4章“是什么阻碍了你的钱途”和第5章“为什么结果总与初衷背道而驰”中，达尔克又分享了“共振法则”和“对立法则”，告诉读者如果想要更多的钱，就要寻找到与金钱共振的环境，去感受金钱的气息；与此同时还要知道某些事情的发展与其开始的趋势可能会完全相反，因为“为数不少的人已经亲身领教了对立法则的威力：他们在物质生活中取得了巨大的财富，却不得不承受与之相伴的精神上的不幸与痛苦”……

阅读此书的过程就好像在听牧师布道，我感到作者真有一种人文关怀的使命感。但正如他所认识到的那样：“我们不能说基督的爱无法战胜物质世界的诱惑，因为在接触到天国之爱以前，人们就已经为物质所俘虏了。从这个层面上说，各大宗教对自己教徒的物质基础显然关心得太少，它们是败给了自己那过分崇高的目标”。与神学家和牧师不同，在宏观方面，达尔克显然已经认识到金钱的很多残酷属性，比如“获取钱财的唯一途径，就是从别人那里拿取”，但对于个体而言，他又用“金钱曲线”（第6章）来告诉你，并不是“钱越多越好”。

达尔克是一个冷静客观的人，但同时也是一个富有人情味的布道者。当他冷静地告诉你“时间 = 金钱”这个等式不可逆的同时，还以

“心理治疗医师”的角色，告诉你“午休”的方法，其间还时不时穿插一些让人会心一笑的故事；此外他还告诉你金钱如同任何一种物质，不仅有数量，还有质量。这些行为金融学领域的专业知识，被达尔克在第 7 章和第 8 章中娓娓道来，显得妙趣横生。在第 9 和第 10 章，金钱和爱之间的关系被他反复讨论，“苦难源于依恋”，就看你依恋的是金钱还是亲密关系，是财富还是自我发展。

另外《富足，从心开始》还从不同角度分享了一系列有趣的金钱心理反射：为什么金钱和粪土会被放在一起讨论？如何从星座的角度认识自己的金钱观和金钱习惯？利息对金钱世界带来了哪些影响？人们是如何沦为股票和房奴的？

当然，这些问题作者都在书中相应地给出了自己建设性的意见。不过我依然认为，我们阅读的目的不是寻找答案，而是寻求共鸣。要知道，人类与动物最大的不同就是能独立思考，而最快乐的事情就是分享并找到共鸣。

短信查询正版图书及中奖办法

A．电话查询

1．揭开防伪标签获取密码，用手机或座机拨打4006608315；

2．听到语音提示后，输入标识物上的20位密码；

3．语言提示：您所购买的产品是中资海派商务管理(深圳)有限公司出品的正版图书。

B．手机短信查询方法(移动收费0.2元/次，联通收费0.3元/次)

1．揭开防伪标签，露出标签下20位密码，输入标识物上的20位密码，确认发送；

2．发送至958879(8)08，得到版权信息。

C．互联网查询方法

1．揭开防伪标签，露出标签下20位密码；

2．登录www.Nb315.com；

3．进入“查询服务”“防伪标查询”；

4．输入20位密码，得到版权信息。

中奖者请将20位密码以及中奖人姓名、身份证号码、电话、收件人地址和邮编E-mail至szmiss@126.com，或传真至0755-25970309。

一等奖：168.00元人民币(现金)；
二等奖：图书一册；
三等奖：本公司图书6折优惠邮购资格。
再次谢谢您惠顾本公司产品。本活动解释权归本公司所有。

读者服务信箱

感谢的话

谢谢您购买本书！顺便提醒您如何使用ihappy书系：

- ◆ 全书先看一遍，对全书的内容留下概念。
- ◆ 再看第二遍，用寻宝的方式，选择您关心的章节仔细地阅读，将“法宝”谨记于心。
- ◆ 将书中的方法与您现有的工作、生活作比较，再融合您的经验，理出您最适用的方法。
- ◆ 新方法的导入使用要有决心，事先做好计划及准备。
- ◆ 经常查阅本书，并与您的生活、工作相结合，自然有机会成为一个“成功者”。

<table>
<tr><td rowspan="9">优惠订购</td><td colspan="2">订阅人</td><td></td><td>部门</td><td></td><td>单位名称</td><td></td></tr>
<tr><td colspan="2">地址</td><td colspan="5"></td></tr>
<tr><td colspan="2">电话</td><td colspan="3"></td><td>传真</td><td></td></tr>
<tr><td colspan="2">电子邮箱</td><td colspan="2"></td><td>公司网址</td><td></td><td>邮编</td></tr>
<tr><td>订购书目</td><td colspan="6"></td></tr>
<tr><td rowspan="2">付款方式</td><td>邮局汇款</td><td colspan="5">中资海派商务管理(深圳)有限公司
中国深圳银湖路中国脑库A栋四楼　邮编：518029</td></tr>
<tr><td>银行电汇或转账</td><td colspan="5">户　名：中资海派商务管理(深圳)有限公司
开户行：招行深圳科苑支行
账　号：81 5781 4257 1000 1
交行太平洋卡户名：桂林　卡号：6014 2836 3110 4770 8</td></tr>
<tr><td>附注</td><td colspan="6">1. 请将订阅单连同汇款单影印件传真或邮寄，以凭办理。
2. 订阅单请用正楷填写清楚，以便以最快方式送达。
3. 咨询热线：0755-25970306转158、168　传　真：0755-25970309
E-mail: szmiss@126.com</td></tr>
</table>

→利用本订购单订购一律享受9折特价优惠。
→团购30本以上8.5折优惠。